ノスタルジア酒場

東欧旧社会主義国のお酒とおつまみ事情&レシピ70

イスクラ著

Hospoda

Söröző

Рюмочная

Piwiarnia

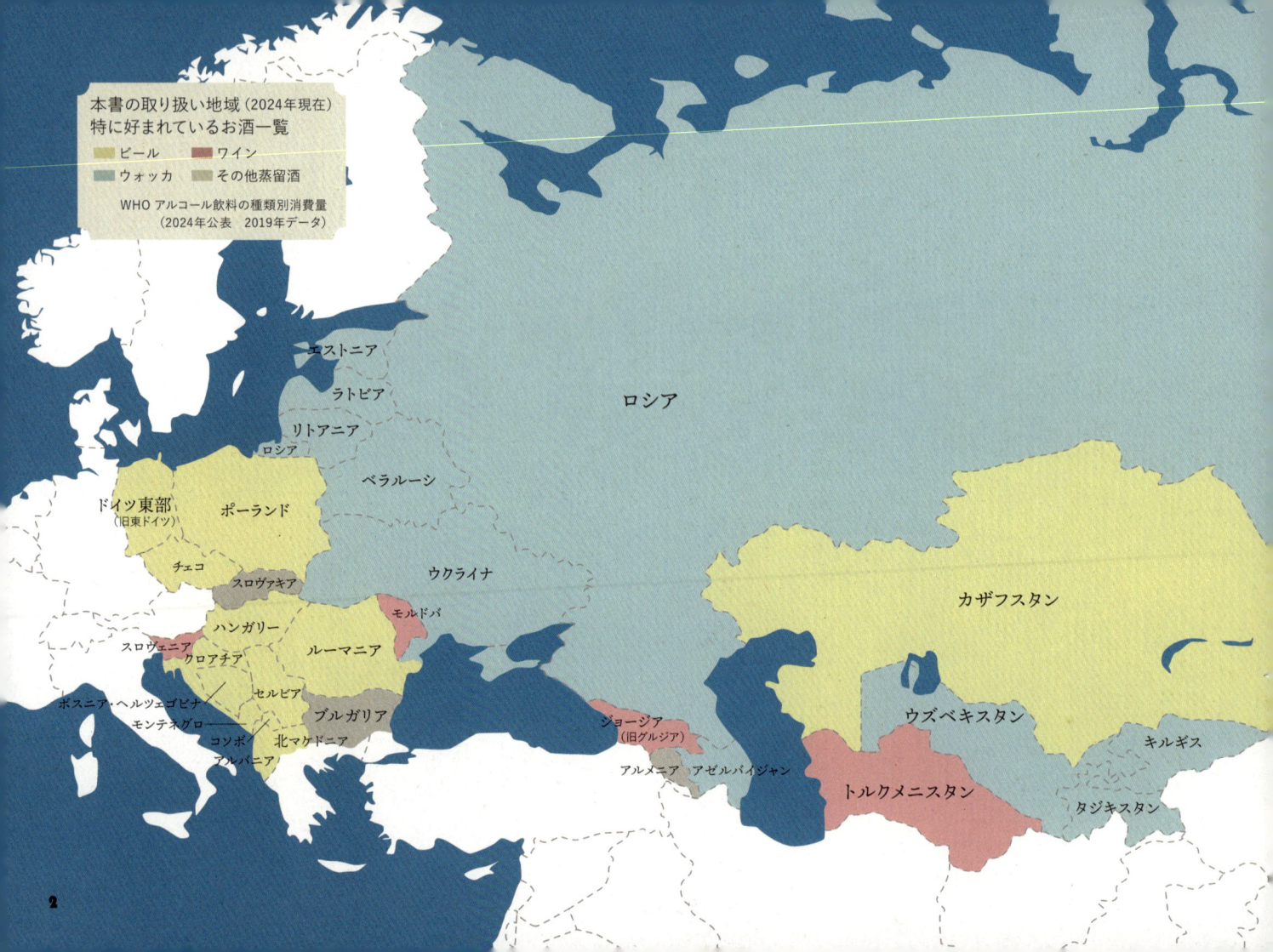

本書の取り扱い地域（2024年現在）
特に好まれているお酒一覧

- ビール
- ワイン
- ウォッカ
- その他蒸留酒

WHO アルコール飲料の種類別消費量
（2024年公表　2019年データ）

エストニア

ラトビア

リトアニア

ロシア

ベラルーシ

ドイツ東部
（旧東ドイツ）

ポーランド

チェコ

スロヴァキア

ウクライナ

スロヴェニア

ハンガリー

モルドバ

クロアチア

ルーマニア

ボスニア・ヘルツェゴビナ

セルビア

モンテネグロ

ブルガリア

コソボ

北マケドニア

アルバニア

ジョージア
（旧グルジア）

アルメニア

アゼルバイジャン

ロシア

カザフスタン

ウズベキスタン

キルギス

トルクメニスタン

タジキスタン

2020年から社会主義だった頃の労働者と食にまつわる「ノスタルジアシリーズ」を執筆し4冊にもなろうかという間に、世界は度重なる重大な局面を迎えていた。コロナ禍、ウクライナ侵攻、ガザの空爆、絶え間ない紛争と気候変動。日本においては戦争こそなけれども、一向に増えない所得、国際的日本ブランドの凋落、諸外国からみると決して高くない悲しき物価高に加え、猛暑や地震などの災害、ずっと低迷が続いている。今日も頑張る日本の労働者たち……そこで沸き起こるお酒でも飲もうかという欲求。日本における飲酒量は鈍化しているが、コロナ禍で気軽に外でお酒を飲めないという辛さは記憶に新しい。

冷戦時代、社会主義の特殊な状況下で時代の閉塞感を感じ生きていた労働者たちはどのように日々を乗り越えてきたの

だろう。ある日思い立って遠くにふらりと旅に出るなどのリフレッシュの機会がなく、時に自暴自棄になりお酒の量が増えたのではないだろうか。厳しい監視社会からようやく解放された90年代は劇的な変化が待っていた。それまで担保されていた日々の保障をなくした人で溢れ、さらに飲酒量は増えて行った。「いのちの水」であったお酒を憂いなく楽しんで飲めるようになったのはごく最近のことなのかも知れない。今回は日々のささやかな楽しみであったお酒とともに彼らの時代を偲んでみたい。

日常の痛みを忘れるためではなく、隣人と優しく語り合うためのお酒となるように……
すべての労働者よ、休息しよう。

Obsah もくじ

この本について
- 火加減は特に表記があるもの以外は中火です。小さじは5㎖、大さじは15㎖です。
- バターは有塩、ヨーグルトは無糖です。
- 薬味には主にパセリやディル、仕上げには黒胡椒やパプリカパウダーなどを使っていますが、いずれも好みでお使いください。
- ※家庭料理であればあるほど、さじ加減には差があります。分量は目安なので好みで調整してください。

Kapitola 1

お酒事情とカクテルレシピ

強いお酒が好まれているというイメージが先行するかつての東欧の国々では
だんだんと軽いお酒が好まれるようになってきている。
ビールは現在は簡単に冷えたものを手にすることができるが、
当時はその地ならではの流通事情があり、工夫して愛飲されていた。
カクテルなども材料を駆使して楽しまれており
その頃の味を再現してみたいという好奇心が湧いてくる。

※当時、個人宅で楽しむ際はお酒が入手できない時は、しばしば代用品が用いられた。

Pivo
ビール── 止まらない衝動

仕事の後の喉の渇きを潤すビール。
今も昔もビールは労働者のもっとも近く
に存在している。
社会主義時代はビールを立ち飲みできる
露店も多く、仕事帰りにさっと飲んで帰
宅。また多くのレストランが特別な場所
であったのに対し食堂や酒場は労働者階
級が利用しやすく気軽にビールを飲むこ
とができた。

当時のビールは清涼飲料水と同じく賞味
期限がわずか7日程度という足の早さも
あり、労働者は地域流通のビールを楽し
むに限られた。しかし賞味期限が短くと
も廃棄になることもなく、常に需要が上
回っていた。夏場でもキンキンに冷えた
ビールは少なく、冬は少し温かいビール
も好まれた。

各国のビール

中世からドイツやチェコなどで確立されたビールの工法は、戦争による領土の変貌により19世紀頃に入植者によって各地に伝わっていった。第二次大戦後はそれらの古い醸造所が国営企業となる。ほとんどの醸造所では缶ビールの技術を持っておらず出荷されるのは瓶ビールがメインで、昔ながらの樽ビールがその土地のビール酒場を支えていた。地下に置かれた樽ビールは夏場でも15度を維持することができ冷蔵技術が優れていなかった時代を乗り越えてきた。世界の大手のビールチェーンの傘下になりつつも現在主要産業として残っていることも多い。現在も手にすることが可能なビールの銘柄を紹介しよう。

【旧東ドイツ】Bier ピア

東ドイツには無数の醸造所が存在し、地域飲料共同体を作り、清涼飲料水も併せて生産されていた。

Feldschlößchen
フェルドシュレスヒェン
＊ドレスデン
1858年創業「フェルドシュレスヒェン」

Mecklenburgische Brauerei Lübz
リュプツ醸造所
＊リュプツ
1877年創業「リュブツァー」

西ドイツの量販店（スーパーマーケット）に出荷。東ドイツ唯一の缶ビール工場。

＊は都市または地区名
「　」は現在の銘柄名

Radeberger Exportbierbrauerei
ラーデベルク輸出ビール醸造所
＊ラーデベルク
1872年創業「ラーデベルガー」

王家のビールとして有名。数少ない国際輸出用ビールで国内はインターホテルでの外国人向けに限定されていた

Hasseröder Brauerei
ハッサーレーダー醸造所
＊ヴェルニゲローデ
1872年創業「ハッサーレーダー」

Köstritzer Schwarzbierbrauerei
ケストリッツ黒ビール醸造所
＊バート・ケストリッツ
1543年創業「ケストリッツァー・シュヴァルツビア」

ドイツでも古参の黒ビール醸造所。かの文豪ゲーテが愛したビールといわれている。西ドイツや東ヨーロッパに出荷

Krostitzer Brauerei
クロスティッツ醸造所
＊クロスティッツ
1534年創業「ウア・クロスティッツァー」

Berliner Kindl
ベルリナー・キンドル
＊ベルリン
1872年創業「ベルリナー・キンドル」

Berliner Pilsner
ベルリナー・ピルスナー
＊ベルリン
1902年創業「ベルリナー・ピルスナー」

Braugold
ブラオゴルド
＊エアフルト
1822年創業「ブラオゴルド」

現在工場はブラウンシュヴァイクに移転

【チェコ】Pivo ピヴォ

Plzeňský Prazdroj
ブルゼニュスキー・プラズドロイ
*ブルゼニュ
1842年創業「ピルスナー・ウルケル」

Budějovický Budvar
ブジェヨヴィツェ・ブドヴァル
*チェスケ・ブジェヨヴィツェ
1895年創業「ブドヴァ」

Pivovar Staropramen
スタロプラメン醸造所
*プラハ
1871年創業「スタロプラメン」

Pivovar Starobrno
スタロブルノ醸造所
*ブルノ
1325年創業「スタロブルノ」

Březňák
ブジェズニャーク
*ヴェルケ・ブジェズノ
1756年創業「ブジェズニャーク」

Pivovar Gambrinus
ガンブリヌス醸造所
*ブルゼニュ
1869年創業「ガンブリヌス」

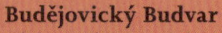
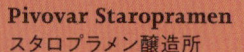

Pivovar Velké Popovice
ヴェルケー・ポポヴィツェ醸造所
*ヴェルケー・ポポヴィツェ
1874年創業「コゼル」

【スロヴァキア】Pivo ピヴォ

Pivovar Hurbanovo
フルバノヴォ醸造所
*フルバノヴォ
1964年創業「ズラティ・バジャント」「コルゴン」

1971年、東ヨーロッパ初の缶ビール出荷

Pivovar Šariš
シャリシュ醸造所
*ヴェルキー・シャリシュ
1964年創業「シャリシュ」「スメドニー・ムニーフ」

Pivovar Topvar
トブヴァール醸造所
*トポチャニ
1964年創業「トブヴァール」

【ポーランド】Piwo ピヴォ

Browar Okocim
オコチム醸造所
*ブジェスコ
1845年創業「オコチム」

Browar Żywiec
ジィヴィエツ醸造所
*ジィヴィエツ
1856年創業「ジィヴィエツ」「クラクス」
「タトラ」

1950年代に6ヶ月の長期保存できる技術を
得て、アメリカへ輸出を成し遂げた

Browar Braniewo
ブラニェヴォ醸造所
*ブラニェヴォ
1854年創業「ブラニェヴォ」「バルカス」

Browar Łomża
ウォムジャ醸造所
*ウォムジャ
1968年創業「ウォムジャ」

Tyskie Browary Książęce
ティヒ醸造所
*ティヒ
1629年創業「ティスキエ」

Browar Dojlidy
ドジリディ醸造所
*ビヴウィストク
1769年創業「ジュブル」

【ハンガリー】 Sör シェール

Dreher Sörgyárak
ドレハー醸造所
＊ブダペシュト
1845年創業「ドレハー」

Borsodi Sörgyár
ボルソディ醸造所
＊ブーチ
1973年創業「ボルソディ」

Soproni sörgyár
ショプロニ醸造所
＊ショプロン
1895年創業「ショプロニ」

Pécsi Sörfőzde
ペーチ醸造所
＊ペーチ
1848年創業「ペーチ」「サロン」

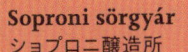

【ブルガリア】 Бира ビラ

Шуменско
シュメン醸造所
＊シュメン
1882年創業「シュメンスコ」

Пивоварна Каменица
カメニッツア醸造所
＊プロブディフ
1881年創業「カメニッツア」

пивоварна Леденика
レデニカ醸造所
＊メズドラ
1964年創業「レデニカ」

90日の長期保存ができるビールを生産

Загорка
ザゴルカ醸造所
＊スタラ・ザゴラ
1902年創業「ザゴルカ」

【ルーマニア】 Bere ベーレ

Fabrica de bere Timișoreana
ティミショレアナ醸造所
＊ティミショアラ
1718年創業「ティミショレアナ」

Bermas
ベルマス
＊スチャヴァ
1974年創業「ベルマス」「ソルカ」

【アルバニア】 Birra ビラ

Birra Tirana
ティラナ醸造所
＊ティラナ
1960年創業「ティラナ」

旧ユーゴスラヴィア
【セルビア】 Pivo ピヴォ

Pivara Čelarevo
チェラレヴォ醸造所
＊チェラレヴォ（セルビア）
1892年創業「ラフ」

Apatinska pivara
アパティン醸造所
＊アパティン（セルビア）
1756年創業「アパティンスコ」「イェレン」

Beogradska industrija piva
ベオグラード工業ビール
＊ベオグラード
1839年－2023年「BIP」

【モンテネグロ】 Pivo ピヴォ

Pivara Trebjesa
トレビエサ醸造所
＊ニクシッチ
1896年創業「ニクシチコ」

【スロヴェニア】 Pivo ピヴォ

Pivovarna Union
ウニオン醸造所
＊リュブリアナ
1864年「ウニオン」

Pivovarna Laško
ラシュコ醸造所
＊リュブリアナ
1825年「ラシュコ」

ラシュコとウニオンは2015年に合併し、Pivovarna Laško Union（ラシュコ・ウニオン醸造所）となる

【マケドニア】 Пиво ピヴォ

Пивара Скопје
スコピエ醸造所
＊スコピエ
1924年創業「スコブスコ」

Пивара Битола
ビトラ醸造所
＊ビトラ
1902年創業「ビトルスコ」

Прилепска пиварница
プリレップ醸造所
＊プリレップ
1924年創業「クラリマルコ」

社会主義時代にペプシのライセンスを得て、ソフトドリンク、ビール共に成功を収めた会社

【クロアチア】 Pivo ピヴォ

Karlovačka pivovara
カルロヴァツ醸造所
＊カルロヴァツ
1854年創業「カルロヴァチコ」

Osječka pivovara
オシエク醸造所
＊オシエク
1856年創業「オシェチコ」

Zagrebačka pivovara
ザグレブ醸造所
＊ザグレブ
1892年創業「オジュイスコ」

【ボスニア・ヘルツェゴヴィナ】
Pivo ピヴォ

Banjalučka pivara
バニャルカ醸造所
＊バニャ・ルカ
1873年創業「ネクター」「バニャルチコ」

Pivara Tuzla
トゥズラ醸造所
＊トゥズラ
1884年創業「トゥズランスキー」

Sarajevska pivara
サラエヴォ醸造所
＊サラエヴォ
1864年創業「サラエフスコ」

【コソボ】 Birra ビラ

Birra peja
ペヤ醸造所
＊ペヤ
1971創業「ペヤ」

ソヴィエト連邦の特殊性

ソ連では他の社会主義国同様、19世紀に主に入植者によって伝わった製法を各地で受け継いだビール（＝地域銘柄）が作られていた一方で、1935年に全ロシア醸造・ワイン製造産業研究所によりソヴィエト規格（GOST）ビールが誕生した。これらは規格に基づきソ連の各地で作られ、例えばジグリョフスコエはピーク時ソ連の735の工場で作られていた。1970年代になるとチェコスロヴァキアの設備で大きな醸造所が設立された。この頃は有名ブランドビールが数多く誕生し、ソ連末期までに約350種類のビールが醸造された。ソ連が崩壊するとそれぞれの公営ビール会社が独立したが、ソ連ビールに対してはそれぞれのライセンスがなかったので生産が困難となり、広く流通したソ連ビールは終焉を迎えた。近年、ソ連規格に基づいたビールが少しずつであるが復活している。

ソ連共通規格ビール（ソ連ビール）

ジグリョフスコエ
（ジグリ、旧ウィーンビール）
ルースコエ
（旧プルゼニュビール）
ウクラインスコエ
（ウクライナ、旧ミュンヒェンビール）
モスコフスコエ（モスクワ）

マルトフスコエ／マルトフスケ
（3月、春ビール）
バルハトノエ／バルハトネ（ベルベット）
カラメル
レニングラーツコエ（レニングラード）
ヤチメンニー・コロス（大麦の穂）
リジスコエ（リーガ）
ストリチノエ（首都）　　など

復活した「ジグリョフスコエ」
（ジグリ）

Лысковского пивоваренного завод
リスコフスキー醸造所
＊リスコヴォ
1860年創業「マカリー」

Жигулёвский пивоваренный завод
ジグレフスキー醸造所
＊サマーラ
1881年創業「サマーラ」

「ジグリョフスコエ」を最初に作った。

Калининградский пивкомбинат
カリーニングラード醸造所
＊カリーニングラード
1910年創業　「オストマルク」

現在はハイネケンによる製造

【エストニア】Õlu オール

Saku Õlletehas
サク醸造所
＊サク
1820年創業「サク」

A. Le Coq
ア・ルコック醸造所
＊タルトゥ
1807年創業「ア・ルコック」

【リトアニア】Alus アルス

Švyturys
シュヴィトゥリス
＊クライペダ
1784年創業「バルティホス」

Utenos Alus
ウテノス醸造所
＊ウテナ
1978年創業「ウテノス」

【ラトビア】Alus アルス

Bauskas alus
バウスカスビール
＊バウスカ
1981年創業「バウスカス」

Cēsu alus
ツェーシスビール
＊ツェーシス
1590年創業「ツェース」

バルト諸国と北欧でもっとも古い醸
造所といわれている

Aldaris
アルダリス醸造所
＊リーガ
1856年創業「アルダリス」

【ベラルーシ】піва ピヴァ

Піўзавод Алiварыя
アリヴァリヤ醸造所
＊ミンスク
1864年創業「アリヴァリヤ」

Крынiца
クリニツァ
＊ミンスク
1975年創業「クリニツァ」

Лiдскае піва
リダビール
＊リダ
1876年創業「リッスカエ」

【ウクライナ】пиво ピヴォ

Янтар
ヤンタル醸造所
＊ムィコラーイウ
1973年創業「ヤンタル」

Чернігівська броварня
チェルニーヒウ醸造所
＊チェルニーヒウ
1976年創業「チェルニーヒフスケ」

ПБК «Славутич»
スラヴティッチ醸造所
＊ザポリージャ
1974年創業「スラヴティッチ」

Львівська пивоварня
リヴィウ醸造所
＊リヴィウ
1715年創業「リヴィウスケ」

Оболонь
オボロン（旧キーウ第3醸造所）
＊キーウ
1980年創業「オボロン」

Радомишль
ラドミシル醸造所
＊ラドミシル
1886年創業「ラドミシル」

Пивоварня Зіберта
ジベールタ醸造所
＊ファスティフ
1906年創業「ジベールタ」

Бердичівський пивоварний завод
ベルディチフ醸造所
＊ベルディチフ
1861年創業「ベルディチフスケ」

Микулинецький Бровар
ミクリンツィ醸造所
＊ミクリンツィ
1497年創業「ミクリン」

【モルドヴァ】Bere ベレ

Chişinău
キシナウ醸造所
＊キシナウ
1873年創業「キシナウ」

【カザフスタン】Сыра シラ

**Шымкентский
Пивоваренный Завод**
シムケント醸造所
＊シムケント
1976年創業「シムケントスカエ」

Алма-Атинский №2
アルマ・アタ第2醸造所
（現カールスバーグ）
＊アルマ・アタ
1965年創業「アルマ・アタスコエ」

**Карагандинский
пивоваренный завод**
カラガンダ醸造所
＊カラガンダ
1958年創業
「カラガンディンスコエ」「アグニ・マグニトキ」

【アルメニア】Գարեջուր ガレジュル

Երևանի գարեջրի գործարան
エレヴァン醸造所
＊エレバン
1952年創業「キリキア」

Կոտայք
コタイク醸造所
＊アボヴィヤン
1974年創業「コタイク」

Գյումրին
ギュムリ醸造所
＊ギュムリ
1970年創業「ギュムリ」

チェコのヤブロネツ・ナド・ニソウにて。ヘルメリ
ンチーズのオイル漬け（119ページ）と「コゼル」

Pivní tácek ビールコースター

1

2

3

4

5

6

現在もビールを店内で飲む時に用いられるビールコースター。コースター自体に銘柄が記されているのでお店の定番ビールを知ることができる。元々は虫が入らないようにグラスにかぶせる用途であったという。時をへて、陶器になり、コルクになり、現在の紙のものになった。社会主義時代のコースターは活版印刷で作られているものが多く、紙も厚みがありぼってりとした独特の風合いで存在感があった。東ドイツやチェコスロヴァキアではビールグラスに銘柄が入っているものも多く、今でもチャリティショップなどで見かけるのでコースターとセットにして雰囲気を味わうのに最適なグッズである。

1. チェコ「プルスナーウルケル」
2. チェコ・ビアレストラン
3. チェコ「ブドヴァイゼル・ブドヴァ」
4. チェコ・生活共同組合
5. チェコ・プラハ　カフェ「オヴェツニー・ドゥーム」
6. チェコ・シュヴェイク酒場

1

2

3

4

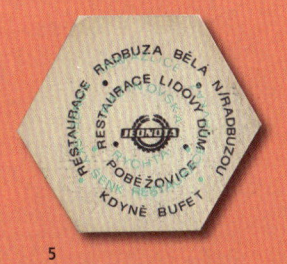

5

6

7

8

9

10

11

12

1. ブルガリア「シュメンスコ」
2. 東ドイツ・ベルリンテレビ塔カフェ
3. 東ドイツ「ヴェルネスグリュン」
4. 東ドイツ・ベルリン飲料コンビナート
5. チェコ・生活共同組合
6. チェコ「スタロプラメン」
7. 東ドイツ・HO（食堂）
8. 東ドイツ・コンズム
9. ハンガリー・電化製品メーカー
10. ハンガリー「アラニ・ファーカン」
11. 東ドイツ・ベルリン醸造所
12. 東ドイツ・マクデブルク飲料コンビナート

Pivní etikety　ビールラベル

ラベルに記載されたビールのカテゴリーと種類　（1990 年以前の分類。地域によって誤差あり）

	東ドイツ	チェコ	ポーランド	ハンガリー	ソヴィエト（露語）
ラガー / ピルスナービール（淡色）	Hell /Helles/Pils ヘル / ヘレス / ピルス	Ležák レジャーク	Jasne ヤスネ	világos ヴィラーゴス	Светлое スヴェトロエ
小麦麦芽のビール（白ビール）	Weizen ヴァイツェン	Pšeničné プシェニチネー	Pszenica プシェニカ	Búza ブーザ	пшеничное プシェニチノエ
アルコール度の強い濃い色のビール	Bock ボック	Bock ボック	Bock ボック	Bak バック	
麦汁濃度11-14%の一般的なビール	Voll フォル	plné プルネー	pełne ペウネ	——	——
モルトビール（低アルコール）	Malzbier マルツビア	Sladové スラドヴェー	słodowe スウォドヴェ	Maláta マラータ	——
黒ビール	Dunkel ドゥンケル	Tmavé トマヴェー	Ciemne チムネ	Barna バルナ	Чёрное チョルノエ

●ラベル例（東ドイツ、ライプツィヒ・クローネン醸造所）

商品名

容量

製造日
（該当する日にパンチを入れてから瓶に貼る。奇数日ベース）

製造月
（該当する月にパンチを入れてから瓶に貼る）

種類・種別

醸造所名

金額

各国のビールラベルと産地名【東ドイツ】

1 2 3

5 6 7

4 8 9 10

1-9. 飲料コンビナートベルリン
10. グローセンハイン

1

2

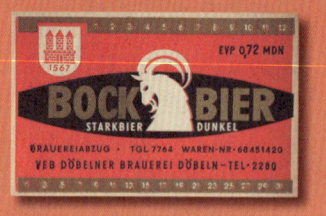

3

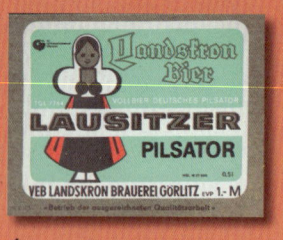

4

5

6

7

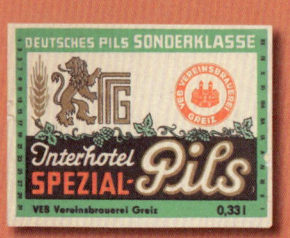

8

9

10

11

12

1-3. デーベルン
4. ゲルリッツ
5-7. ライプツィヒ
8. グライツ
9. ハルトマンスドルフ
10. マイニゲン
11. リュプツ
12. ライプツィヒ

1

2

3

4

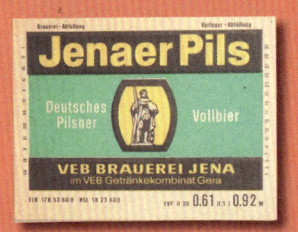

5

6

7

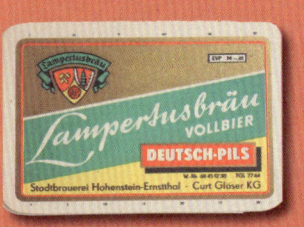

8

9

10

11

12

1-3. カールマルクスシュタット

4-6. イエナ

  7. マイニンゲン

  8. ホーエンシュタイン・エルンストタル

9-10. グライツ

11. ライプツィヒ

12. ゲルリッツ

【ポーランド】

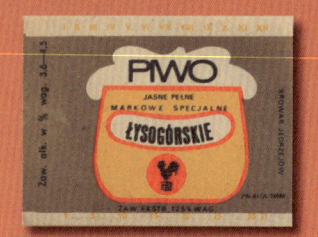

1. イェジェヨフ
2. ジエィンピツェ
3. イェジェヨフ
4. チェンストホーヴァ

5. ヴァルカ
6-7. ジィビエツ
8. チェンストホーヴァ
9. ヤヌフ・ルベルスキ

10. オストロヴィエツ・シフィエントクシスキ
11. ケントシン
12. ワンツト

1

2

3

4

5

6

7

8

9

10

11

12

1. ポーランド／ウッジ
2. ポーランド／ジエィンビツェ
3. ポーランド／ヤヌフ・ルベルスキ
4. ポーランド／チェンストホーヴァ

5. ポーランド／シュチェチン
6. スロヴァキア（輸出　シャリシュ）
7. チェコ（輸出　ビルスナーウルケル）
8. チェコ（輸出　スタロプラメン）

9. ウクライナ／ハルキウ
10. リトアニア／ウテナ
11. スロヴァキア／トルナヴァ
12. ラトビア／リーガ

1

2

3

4

5

6

7

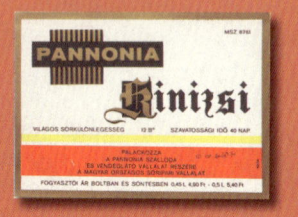

8

9

10

11

12

1. ウクライナ／キーウ	5. ハンガリー／ブダペシュト	9. ハンガリー／ブダペシュト
2. ウクライナ／ロムヌィ	6. ハンガリー（国鉄ケータリング）	10. ハンガリー／ブダペシュト
3. リトアニア／ウテナ	7. ハンガリー／ブダペシュト	11. チェコ／ウースチー・ナド・ラベム
4. ラトビア／リーガ	8. ハンガリー（ホテルケータリング）	12. スロヴァキア／フルパノヴォ

1

Borbarát Borozó

📍 Váci út 2, 1132
Budapest

マシンで入れてくれるコーヒー
は190フォリント。
ちょっと立ち寄る価値がある。

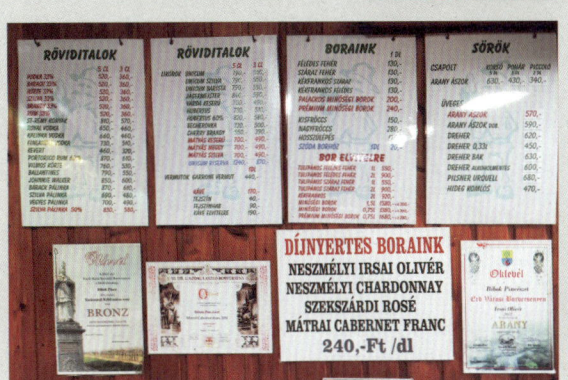

明朗会計な値段表。
ビール小サイズ（200㎖）
340フォリントより。
ワイン小サイズ（100㎖）
130フォリントより。
＊1000フォリント＝約400円
（2024年春）

ブダペシュト西駅の地下通路にある
1970年代の雰囲気が漂う立ち飲みバー。
一見入りにくそうだが、さっと飲んで帰
るお客やうるさくない常連客がいて、居
心地は良い。ワイン、ビール、コーヒー、
どれも良心価格の上にざっくばらんなマ
スターが給仕してくれて、通いたくなる
お店だ。

1

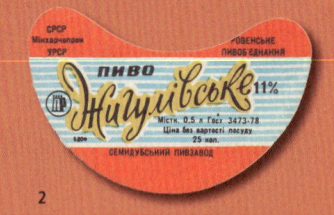

2

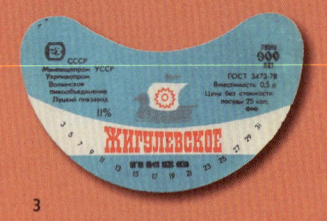

3

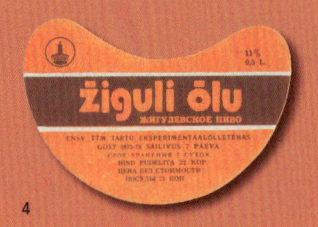

4

5

6

7

8

9

10

「ソ連ビール」
500mlの瓶は上部のみのラベルで
出荷されることが多かった

＊銘柄＋生産地

1.「ベルベット」ウクライナ／リブネ
2.「ジグリ」ウクライナ／リブネ
3.「ジグリ」ウクライナ／ルツク
4.「ジグリ」エストニア／タルトゥ

5.「ジグリ」ロシア／ノヴゴロド
6.「ジグリ」カザフスタン／アクチュビンスク
7.「ジグリ」　ウクライナ／ヴォリンスク
8.「モスクワ」ロシア／モスクワ

9.「ウクライナ」ウクライナ／ハルキウ
10.「サマラ」ロシア／トリヤッチ

1

2

3

4

5

6

7

8

9

10

11

12

1.「3月」ウクライナ／リブネ
2.「スラビャンスク」ウクライナ／リブネ
3.「大麦の穂」ロシア／ビィヤズニコフ
4.「大麦の穂」カザフスタン／タルディ・クルガン

5.「リーガ」ウクライナ／ハルキウ
6.「モスクワ」ベラルーシ／ビテブスク
7.「リーガ」ラトビア／リーガ
8.「センチュ」ラトビア／テルヴェテ

9.「リーガ」カザフスタン／トルキスタン
10.「リーガ」ロシア／ノヴゴロド
11.「リーガ」カザフスタン／アクトベ
12.「ミンスク」ベラルーシ／ミンスク

ウォッカ狂想曲
Vodka rapsodie

東ヨーロッパのお酒というとウォッカという
いうイメージが強い。ロシアやポーラン
ドなどの寒冷地ではアルコール度数の高
いウォッカが好まれているが、ウォッカ
の消費量は減っており、伝統的ウォッカ
消費大国でも軽めのアルコールである
ビールにシフトしているといわれてい
る。しかしウォッカを知ることなくして
この地域の文化や人々の気質、根底にあ
るものを知ることはできない。時にユー
モアを含み、時に絶望と隣り合わせにい
たウォッカ。冬には体を温め、戦時中は
士気を高めるために支給され、戦後は時
代の不条理や体制への不満などを忘れる
ための命の水であった。

変性アルコール「DENATURAT」（ポーランド）。飲用ではない工業用ア
ルコール。アルコールの代用として飲むアルコール中毒者が続出。旧ソ
連の密造酒と並ぶ汚染蒸留酒と言われる。注意喚起のためのラベルと色。

スピリタス（ポーランド）。世界一アルコール度数の高いウォッカ。当時
90〜95％、現在は96％。割って飲むのが一般的で用途はさまざま……

輸出用の美しいラベルのポーランドウォッカ（160ページ参照）。

ぶらりひとり酒 ②

ポーランド

ワルシャワ

ショッピングモールができてからというもの、人口密集地となったワルシャワ中央駅付近で騒がしくないバーは珍しい。お昼から営業しており家庭的な料理を出してくれる。お店のおかみさんも親切で、「ただいま」と寄りたくなるバー。

モツがたっぷり入ったスープ「フラキ」。ポーランドのスープはどれも美味しい。ビールと合わせて25ズウォティ。
＊1ズウォティ＝約40円（2024年春）

Pasaż. Bar restauracyjny
📍 Widok 22, 00-017 Warszawa

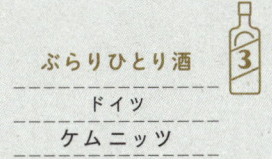

ぶらりひとり酒 ③
―――――――
ドイツ
―――――――
ケムニッツ

ケムニッツで週末だけオープンする東ド
イツインテリアのバー。店内イベントや
映画上映などを目当てに学生さんが集ま
る。店内は落ち着いた雰囲気でくつろげ
る。

LOKOMOV
📍 Augustusburger Str. 102,
　09126 Chemnitz

モスコミュールは6.5ユーロ。
天井のランプ、チェア、花瓶など
東ドイツのもので揃えてあり雰囲気満点。
＊1ユーロ＝約165円（2024年春）

ハンガリー／ブダペシュトのテラスバーにて（153ページ）

Víno pro krásné chvíle
良きひと時のためのワイン

ウォッカ地域とは対象的に東ヨーロッパでも比較的温暖な地域では古来から果樹の栽培が営まれており、中でも葡萄から作られるワインやブランデーが特産品となっている。ブランデーは主に白葡萄を原料とし、ワインをさらに蒸留することによって得られるアルコール度数が高い（37.5〜55度）お酒である。葡萄以外のプラムや洋梨などの果実によって精製されるフルーツブランデーの生産も同地域では盛んで、自宅の庭で穫れた

社会主義時代の化粧箱に入れられた輸出用ハンガリートカイワイン。芳醇な味わいのワインやブランデーは外貨を稼ぐ重要な手段でもあった

果実を使って自家製ブランデーを作る人も少なくはない。社会主義時代にはブランデーの定義は曖昧で穀物から精製される蒸留酒（例：ウォッカ）も広義のブランデーとされていたが、2000年以降は原産地保護のため、徐々に個別の名前に分類（原産地呼称）し、地理的表示を制定するようになった（例：パーリンカ）。ワインも同様に原産地呼称に基づく輸出となり、ソ連時代の輝かしい「コニャック」や「シャンパン」は個別の名前に変化している。民主化後は世界からの認知が進み、その美味しさが注目されることとなった。

ワインもブランデーもその芳醇な香りをゆっくりと味わうもの。労働者たちもそうやって心落ち着くひと時を過ごす楽しみを持っていた。

Sovětské víno a brandy
ソ連のワインとブランデー

広大かつ多岐にわたる気候のソヴィエト連邦では、15共和国のうち11共和国で葡萄畑が整地された。高級ブランデーの生産も活発化し、特にアルメニアのブランデーはアルメニアコニャックとして親しまれ、労働階級でも頻繁ではないものの手にできる値段で、常に品薄だった。若い労働者や学生はブランデーよりも安価なポートワイン*を好んだ。バルト三国とベラルーシにおいては地勢柄ほぼフルーツワインの出荷に止まった。アルコールが人々の自由な時間を占めるようになる中、1985年反アルコール政策（167ペー

ジ）は施行され、葡萄畑が焼き払われたり放棄された。この結果、高級酒輸出による外貨獲得ができなくなり、ソ連の経済に大打撃を与えた。また民主化後の集団農場（コルホーズ）や国営農場（ソフホーズ）の解体によりワイン産業は縮小した。社会主義の生産システムの解体は旧社会主義の国々のワイン産業に影響を及ぼした。近年は多数の小規模ワイナリーによる努力と国をあげた個々のワイン産地のブランド化によって認知が広がり、旧社会主義国のワインは人気が高まっている。

1

2

3

4

*ポートワイン
ソ連における酒精強化ワイン。ワインにブランデーを加えて発酵させたものでアルコール度数がワインよりも高く、甘口である

1. ブランデー「アララト」アルメニア
   ソ連時代に日本へ輸出されたもの
2-4. ポートワイン　アルメニア

*ラベルの表記
種別＋生産地

1

3

5

7

2

4

6

8

1. 赤強化ワイン　モルドヴァ
2. 強化ワイン　ウクライナ／キーウ
3. テーブルワイン（白）ウクライナ
4. 白強化ワイン　ロシア

5. ワイン　ウクライナ／オデーサ
6. ワイン　モルドヴァ
7. 蜂蜜ワイン　ラトビア
8. ポートワイン　カザフスタン

1

2

3

4

5

6

7

8

1. りんごワイン　ベラルーシ／モロデチノ
2. 赤強化ワイン　ウクライナ
3. 赤強化ワイン　ウクライナ／リウネ
4. ブルーベリーワイン　リトアニア／アニクシ

5. 赤強化ワイン　ウクライナ
6. 赤強化ワイン　ウクライナ
7. ロゼ強化ワイン　ロシア
8. ベルモット　アゼルバイジャン

各地のブランデー（現在）

「アルブン」

アルメニアブランデーの総称。
アララト、ノイ、プロシャンなどの銘柄が広く知れ渡っ
ている。かつてのアルメニアコニャック
●産地：アルメニア

「ディヴィン」

●産地：モルドヴァ

「チャチャ」

アルコール度数の高いブランデー
●産地：ジョージア

「ヴィニャック」

かつて「バルカン半島のコニャック」といわれていた
ブランデー
●産地：セルビア、クロアチア

「プリスカ」

1953年に市場に登場した
●産地：ブルガリア

葡萄以外のブランデー

「スリヴォヴィツェ」「スリヴォヴィツァ」「スリヴォヴィツ」

プラムブランデーの総称
●産地：チェコ、スロヴァキア、セルビアなど

「ボロヴィチカ」

ジュニパーベリーのブランデー
●産地：スロヴァキア

「パーリンカ」

フルーツブランデー
●産地：ハンガリー、オーストリア4州

「ラキア」

フルーツブランデー。南スラブ人の国民的
蒸留酒
●産地：セルビア、クロアチア、モンテネグロ、
ボスニア・ヘルツェゴビナ、アルバニア、
ブルガリア、北マケドニア

「ツイカ」

プラムブランデー
●産地：ルーマニア

「コルン」

穀物のブランデー
●産地：ドイツ

左から
「スリヴォヴィツェ」チェコ
「パーリンカ」ハンガリー
「コルン」ドイツ
「チャチャ」ジョージア

hořkosladký bylinný likér
ほろ苦いハーブリキュール

ハーブリキュールは薬用植物（ハーブ）、スパイスなどを配合して作られたアルコール度数の高いお酒。近世の疫病による胃腸などの治療薬として珍重され、民間療法と深く関係し受け継がれてきた薬酒でもある。

カルロヴィ・ヴァリの巨大立体看板

「ウニクム」ハンガリー

1790年誕生といわれている。40種類以上のハーブとスパイスを配合して作られ、そのレシピは創業家（ツヴァック家）に受け継がれており門外不出。食欲を刺激するとされ食前酒として好まれている
→カクテル「エンペラー」（69ページ）

「ベヘロフカ」チェコ

1807年誕生。20種類のハーブとスパイスから精製されており、砂糖が添付してあるので甘みがあり、そのままでも飲みやすい。生産地のカルロヴィ・ヴァリは良質の水で知られる保養地
→カクテル「ベトン」（66ページ）
　「チェルヴェニー・ミェシーツ」（68ページ）

「リーガ・ブラックバルザム」ラトビア

1752年誕生。24種類のハーブ、植物、蜂蜜からなる伝統酒でアルコール度数は45度。「バルザム」のレシピは門外不出であったため、第二次世界大戦が始まるとドイツ人職人の帰国により製造が中断した。戦後バルザム社はウォッカ「ストリチナヤ」の生産を開始し、1950年「バルザム」を復活させた
→カクテル「エスプレッソ・マティーニ」（73ページ）

1

3

2

4

東ドイツのワイングラス用
ペーパーコースター

ビールコースターよりも薄く保水性がある紙が使用され、
テーブルクロスにグラスの液体が付着するのを防いだ。
大衆食堂よりも国営ホテルのレストランなどで使用され
ており、ホテルなどの広告を兼ねたものが多かった。

1. ベルンブルク　ホテル「ゴルデネ・クーゲル」
2. リュッケンドルフ・クアハウス　保養所食堂
3-4. ベルリン観光サービス

1

3

5

7

2

4

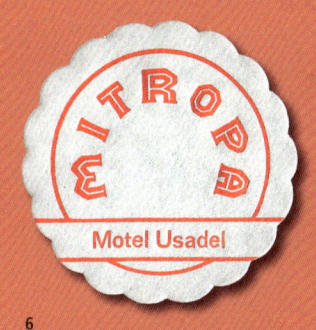

6

8

1. ラウジッツ地方繊維企業保養所
2. ツィッタウ　映画館「シャオブルク」
　 併設「ヴィジョンズバー」
3. 飲料コンビナート「ハンゼアート」
4. シュトラールズント「ホテル・アム・バーンホフ」

5. ドレスデン人民公社「ペンタコン」
　 カメラプラクティカシリーズ広告
6. ウザデル　食堂「ミトローパ」
7. レシピ「ケーゼヒュプファ」
8. カクテルレシピ「ブロンデス・ギフト」

所変われば、呼び名も変わる「お酒編」

ビール

それぞれの飲み物を表す単語は「語族」である程度グループ分けされるがビールひとつにしてもビールと想像できない国の言葉が存在する。是非覚えてコミュニケーションの一環として現地の酒場で使っていただきたい。

●ウル
エストニア

●アルス
ラトビア

●アルス
リトアニア

●ピヴォ
ベラルーシ

●ピヴォ
ロシア

●ピア
ドイツ
（旧東ドイツ含む）

●ピヴォ
ポーランド

●ピヴォ
チェコ

●ピヴォ
スロヴァキア

●ピヴォ
ウクライナ

●シェール
ハンガリー

●ベーレ
モルドヴァ

●ピヴォ
スロヴェニア

●ピヴォ
クロアチア

●ベーレ
ルーマニア

●ピヴォ
ボスニア・
ヘルツェゴビナ

●ピヴォ
セルビア

モンテネグロ

●ピヴォ
コソボ

●ピヴォ
北マケドニア

●ビラ
ブルガリア

●ビラ

●ビラ
アルバニア

●ルディ
ジョージア

●ピヴァ
アルメニア

●ガレジュル

●ピヴァ
アゼルバイジャン

●ピヴォ
ウズベキスタン

●ピヴォ
トルクメニスタン

※主に主言語による分類。

国名	ビール		ワイン		ウォッカ	
ドイツ	ピア	Bier	ヴァイン	Wein	ヴォトカ	Wotka
チェコ	ピヴォ	Pivo	ヴィーノ	Víno	ヴォトカ	Votka
スロヴァキア	ピヴォ	Pivo	ヴィーノ	Víno	ヴォトカ	Votka
ポーランド	ピヴォ	Piwo	ヴィノ	Wino	ヴトゥカ	Wódka
ハンガリー	シェール	Sör	ボール	Bor	ヴォトカ	Votka
ルーマニア	ベーレ	Bere	ヴィン	Vin	ヴォトカ	Vodcă
モルドヴァ	ベーレ	Bere	ヴィン	Vin	ヴォトカ	Vodcă
スロヴェニア	ピヴォ	Pivo	ヴィーノ	Vino	ヴォトカ	Votka
クロアチア	ピヴォ	Pivo	ヴィーノ	Vino	ヴォトカ	Votka
セルビア	ピヴォ	Пиво	ヴィーノ	вино	ヴォートカ	вотка
ボスニア・ヘルツェゴビナ	ピヴォ	Pivo	ヴィーノ	Vino	ヴォトカ	Votka
モンテネグロ	ピヴォ	Pivo	ヴィーノ	Vino	ヴォトカ	Votka
コソボ	ビラ	Birra	ヴェレ	Verë	ヴォッカ	Vodka
アルバニア	ビラ	Birra	ヴェレ	Verë	ヴォッカ	Vodka
北マケドニア	ピヴォ	Пиво	ヴィーノ	вино	ヴォートカ	вотка
ブルガリア	ビラ	Бира	ヴィノ	вино	ヴォトカ	водка
エストニア	ウル	Õlu	ヴェイニ	Veini	ヴィーナ	Viina
ラトビア	アルス	Alus	ヴィーンス	Vīns	デグヴィンス	Degvīns
リトアニア	アルス	Alus	ヴィナス	Vynas	デグティネス	Degtinės
ベラルーシ	ピヴァ	піва	ヴィノ	віно	ハレルカ	гарэлка
ロシア	ピヴォ	пиво	ヴィノ	вино	ヴォトカ	водка
ウクライナ	ピヴォ	пиво	ヴィノ	вино	ホリルカ	горілка
ジョージア	ルディ	ლუდი	グヴィノ	ღვინო	アラクィ	არაყი
アルメニア	ガレジュル	Գարեջուր	ギニ	գինի	オーギ	օղի
アゼルバイジャン	ピヴァ	Pivə	シャラプ	Şərab	アラク	Araq
カザフスタン	シラ	Сыра	シャラプ	шарап	アラク	арақ
キルギス	シラ	Сыра	シャラプ	шарап	アラク	арак
ウズベキスタン	ピヴォ	Pivo	ヴィノ/シャロプ	Vino/Sharob	アロク	Aroq
タジキスタン	オビ ジャヴ	Оби чав	ヴィノ	вино	アラク	арақ
トルクメニスタン	ピヴォ	Piwo	チャキル	çakyr	アラク	Arak

Russischer Milchpunsch

ルージッシャー・ミルヒプンシュ ロシア式ミルクパンチ

寒い日にホッと一息つきたい時のとろけるような一杯。

材料・1人分

牛乳……………………… 200㎖
粉砂糖………………… 小さじ1
ブランデーまたはラム…20㎖
ナツメグまたは
シナモンパウダー ………… 少々

作り方

1 カップを温めておく。牛乳を温めて粉砂糖を溶かし、ブランデーと混ぜ合わせる。
2 カップに注ぎ、ナツメグまたはシナモンパウダーを振る。

ルージッシャー・カフェー <small>ロシア式コーヒー</small>

驚くほど体が温まる、寒い日にぴったりなコーヒー。

Russischer Kaffee
* Wine Base *

材料・2人分

ドリップコーヒー ········ 250㎖
砂糖 ······················· 小さじ2
赤ワイン ················· 250㎖
ウォッカ ·················· 40㎖

作り方

① 鍋でコーヒーを沸騰させ、砂糖を入れて溶かす。

② ①に赤ワインを加え、弱火でフツフツとするまで加熱する（沸騰させないこと）。

③ ②にウォッカを加え、火を止めて耐熱カップに注ぐ。

カルテ・エンテ 冷たいアヒル

スッキリとしたワインの炭酸割り。

Kalte Ente

* Wine Base *

材料・1人分

白ワイン（辛口）………… 150㎖
炭酸水 ………………………50㎖
レモン …………………… 1/4個
砂糖……………………… 小さじ1

作り方

① 白ワインと炭酸水をよく冷やしておく。
　レモンをきれいに洗い、くし形切り、
　または輪切りにする。

② 白ワインに砂糖を溶かす。

③ グラスにレモンと②を入れ、炭酸水で
　割る。軽くかき混ぜる。

Memo

名前の由来はKaltes
Ende（冷たい最後
の 意味）で、晩餐
の終わりに好んで飲
まれたことから、転
訛してEnte（アヒル）
になったという説が
ある。

グリューネ・ヴィーゼ 緑の草原

東ドイツを代表する色鮮やかなカクテル。

Grüne Wiese

* Wine Base *

材料・1人分

ブルーキュラソー ……… 20㎖
オレンジジュース ……… 20㎖
スパークリングワイン… 60㎖
氷 ………………………… 適量

作り方

1 グラスに氷を入れ、ブルーキュラソーとオレンジジュースを注ぐ。

2 スパークリングワインで割り、軽くかき混ぜる。

ムーラン・ルージュ

グラデーションが美しい甘めのカクテル。

Moulin Rouge

* Liqueur Base *

材料・1人分

ピーチリキュール ………40㎖
オレンジジュース
……………………150〜200㎖
赤ワイン ………………20㎖
氷………………………適量

作り方

❶ 深めのグラスに氷を入れてピーチリ
キュールを注ぐ。

❷ オレンジジュースをグラスの2/3ほど入
れる。

❸ スプーンを裏にし、赤ワインを伝わせ
るようにして表面にそっと流し入れる。

グロッグ・ノワール 　紅茶のグロッグ

簡単な紅茶のホットカクテル。

Grog noir

* Rum Base *

材料・1人分

紅茶·························· 200㎖
ブラウンシュガー ····小さじ3
ラムまたはブランデー····40㎖

作り方

① カップに注いだ紅茶にブラウンシュガー
　を加えて溶かす。
② ラムを加えて軽く混ぜる。

── Memo ──
さらに温かい牛乳を加えたも
のが、Milch Grog（ミルヒ・
グロッグ）。

ニコラシュカ

口の中で完成させるショートドリンク。

Nikolaschka

＊ Brandy Base ＊

材料・1人分

レモン（輪切り）…………	1枚
インスタントコーヒー	
………………………	小さじ1/2
砂糖………………	小さじ1〜2
ブランデー………………	200㎖

作り方

① レモンにインスタントコーヒーと砂糖をのせる。

② ①をブランデーを注いだカップの縁にのせ、レモンをひと口嚙み切ってブランデーを口に含み味わう。

— Memo —

日本では砂糖のみのせたレモンで味わうニコラシカとして知られている。東ドイツやソ連ではインスタントコーヒーものせ、苦味も加わりすごくパンチの効いた味わい。ブランデーがない時はしばしばウォッカでも代用された（写真右）ので、どちらも試してほしい。

オプティミステンカクテール オプティミスト（楽観的）

コルンの風味が効いた飲みやすいカクテル。

Optimistencocktail

＊ Liqueur Base ＊

材料・1人分

コルン ･････････････････････････20㎖
ホワイトキュラソー ･･････････20㎖
レモン汁 ･･････････････････････20㎖
氷 ････････････････････････････適量
コーラ ････････････ 100～150㎖

作り方

① シェーカーにコルン、ホワイトキュラソー、レモン汁を入れてシェイクする。

② 氷を入れたグラスに注ぎ、コーラで割る。

バラライカ

アルコール度数高めの、甘みの強いカクテル。

材料・1人分

オレンジジュース …………	40㎖
ホワイトキュラソー………	40㎖
ブランデー………………	40㎖
氷……………………………	適量
オレンジ（飾り用）………	1枚

作り方

① シェイカーにオレンジジュース、ホワイトキュラソー、ブランデーを入れてシェイクする。

② 氷を入れたグラスに注ぎ、オレンジを飾る。

Balalaika

＊ Brandy & Liqueur Base ＊

～ Memo ～

カクテル「バラライカ」はウォッカベースのカクテルで知られているが、東ドイツではブランデーベースで提供されていた。バラライカの名前はグラスを逆さまにすると楽器のバラライカの形に似ていることに由来している。

ゲルベ・ヴォルケ 黄色の雲

エッグノッグの一種。大人のミルクセーキ。

Gelbe Wolke

＊Vodka Base＊

材料・1人分

卵黄 ························· 1個
ウォッカ ···················· 40㎖
牛乳 ························· 125㎖
ナツメグパウダー ········· 少々

作り方

❶ 卵黄とウォッカをシェイクして漉し、
　グラスに入れる。
❷ 冷たい牛乳で割ってナツメグを振る。
　ストローでいただく。

カルター・ヨハン 冷たいヨハン

紅茶とベリー、ラムの口当たりの軽いカクテル。

Kalter Johann
* Rum Base *

材料・1人分

濃いめの紅茶·············· 100㎖
砂糖······················· 10g
ミックスベリーのジュース
··························50㎖
ラム·······················25㎖
氷·························適量

作り方

① 濃いめに入れた紅茶を冷まし、砂糖を溶かす。

② ①にミックスベリーのジュースとラムを入れ軽く混ぜ、氷の入ったグラスに注ぐ。

Memo

ヨハニス・ベーレン（Johannis beeren ドイツ語でスグリの意味）からもじった面白い名前のカクテル。
日本ではスグリ単体のジュースは珍しいので、ミックスベリーのジュースで代用。

ある日のメニュー表

＊東ドイツ　ライプツィヒ
「ピングイン・ミルヒバー」

Milchbar Pinguin
Katharinen Str. 4, 04109 Leipzig

ライプツィヒ国際見本市の訪問客用のメニュー。

このカフェバーは現在もライプツィヒの中央広場近くで営業している。

コーヒー／お茶／カカオ（ココア）／温かいお飲物

1：ブラックコーヒー
2：コーヒー（ミルク・砂糖）
3：コーヒー（ドリップ）　ポット
4：コーヒー（ドリップ）　ポット（ミルク・砂糖）
5：コーヒーW（ドリップ）　ポット
6：コーヒーW（ドリップ）　ポット（ミルク・砂糖）
7：紅茶（砂糖）
8：紅茶（砂糖・レモン）
9：紅茶（砂糖・ラム酒）
10：カカオ
11：カカオ（ホイップクリーム）
12：ホットチョコレート
13：ホットチョコレート（クリーム）
14：ミルヒプンシュ（ミルクパンチ）
　　（ラム・ブランデー・ミルク・砂糖）

15：ツィトローネンプンシュ（レモンパンチ）
　　（ラム・赤ワイン・レモンジュース・砂糖）
16：ミルヒグロッグ（ラム・ミルク・紅茶・砂糖）
17：グロッグ・ノワール（ラム・ガムシロップ・紅茶）

18：コザケン・グリューワイン
　　（白ワイン・赤ワイン・シナモン・クローブ・砂糖）
19：メキシカナー（コーヒー・カカオのハーフ）
20：ボルチモア・モカ（コーヒー・泡だてた卵黄）

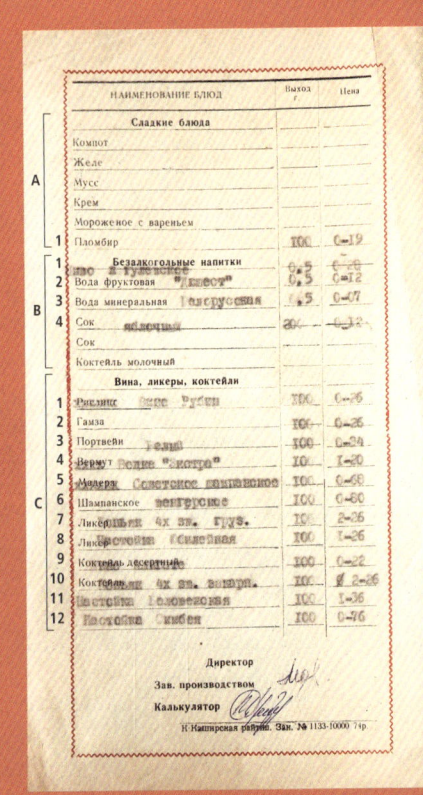

＊ベラルーシ

「カフェ・ブレスト」 1975 年 3 月

p：ルーブル　k：コペイカ　1p ＝100k

メニューの値段空欄は提供なし。一部メニューは打ち消し、打ち直しあり。

A‐デザート

1：アイスクリーム　100g　19k

B‐アルコールフリー飲料

1：ビール・ジグリ　500㎖　28k
　　（ビールの欄がないのでここに手打ち）

2：フルーツウォーター　500㎖　12k

3：ミネラルウォーター　500㎖　7k

4：りんごジュース　200㎖　12k

C‐ワイン・リキュール・カクテル

1：ワイン「ルービン」（赤ワイン）100㎖　26k

2：ワイン「ガムザ」　100㎖　26k

3：ポートワイン　　100㎖　34k

4：ウォッカ「エクストラ」100㎖　1p2k

5：「ソヴィエト・シャンパン」100㎖　68k

6：ハンガリー産シャンパン　100㎖　60k

7：コニャック四つ星（グルジア）100㎖　2p26k

8：薬酒「ジュビリー」100㎖　1p26k

9：ワイン　100㎖　22k

10：コニャック四つ星　100㎖　2p26k

11：薬酒「ベロヴェジスカヤ」100㎖　1p36k

12：薬酒　100㎖　76k

D‐温かい / 冷たい飲み物

1：ブラックコーヒー　200㎖　11k

2：コニャック入りコーヒー　170㎖＋25㎖　59k

3：ミルク入りコーヒー　200㎖　10k

4：ミルク入りカカオ（ココア）200㎖　14k

5：紅茶（砂糖入り）　200㎖　5k

6：紅茶（あんずジャム入り）200㎖＋40g　5k

カチューシャ

アブハジア流のホットワイン。

Катюша

* Wine Base *

材料・1人分

赤ワイン	180㎖
砂糖	大さじ2
クローブ	3〜4片
シナモンスティック	1本
コニャック	大さじ1

作り方

① 鍋に赤ワイン、砂糖、クローブ、シナモンスティックを入れて弱火で温める。

② フツフツしてきたらコニャックを入れて火から下ろす。

シャルロトカ

シャルロッカで知られている、ウォッカベースの手軽なカクテル。

材料・1人分

りんごジュース ………… 150㎖
ウォッカまたは
ズブロッカ（ジュブルフカ）…75㎖

作り方

① 氷を入れたグラスにウォッカを注ぎ、
　次にりんごジュースを入れる。

Szarlotka

＊ Vodka Base ＊

Memo

日本では通常ポーランドのウォッカ、ズブロッカ（バイソングラス入り）が用いられ、ウォッカを用いた方のカクテルはビッグ・アップルとして提供されるが厳密には区別されていない。ズブロッカ（クリア）もクセがないので是非試してほしい。
シャルロトカはアップルパイを意味するポーランド語。

Harcerzyk Nr.1

* Vodka Base *

ハルチェズィク・ヌメルイェデン　スカウト No.1

塩を用いない、ポーランド版のソルティドッグ。

材料・1人分

ズブロッカ（ジュブルフカ）
······················75㎖

グレープフルーツジュース
··················150㎖

作り方

① 氷を入れたグラスにズブロッカを注ぎ、次にグレープフルーツジュースを入れる。

Memo

カクテル「スカウト No.2」（ハルチェズィク・ヌメルドヴァ）はグレープフルーツジュースの代わりにオレンジジュースを用いたスクリュードライバー。

マンハッタン・ス・コウォムィ

コロミヤのマンハッタン

プラムブランデーを使ったショートカクテル。

Manhattan z kołomyi

* Wine Base *

材料・1人分
スリヴォヴィツ……………20㎖
スイートベルモット……40㎖
さくらんぼ…………………1個
氷…………………………適量

作り方
① シェイカーにスリヴォヴィツ、氷、スイートベルモットを入れてシェイクする。
② グラスに注ぎ、グラスの底にさくらんぼを置く。

ヴォルガ

アルコール強めで、爽やかな味わいのカクテル。

Волга

* Votka Base *

材料・1人分

ストリチナヤ（ウォッカ）
......................................35㎖
オレンジリキュール........15㎖
ミントリキュール.........10㎖
グラニュー糖................5g
氷 ....適量

作り方

① すべての材料をシェーカーに入れてシェイクする。

サリュート 敬礼

甘みの強いデザートカクテル。

Салют

* Brandy Base *

材料・1人分

コニャック（ブランデー）……50㎖
はちみつ ………………小さじ1
レモン汁 …………………10㎖
オレンジジュース ………10㎖
炭酸水 …………………50㎖
氷 ………………………適量

作り方

① コニャックにはちみつを入れて溶けるまで混ぜ合わせる。

② シェーカーに、①と炭酸水以外の材料を入れてシェイクする。

③ グラスに注ぎ炭酸水で割って軽くかき混ぜる。

イディオト 白痴

ロシアのウィスキー・コーク。1990年代以降に作られるようになったもの。

材料・1人分

スコッチウィスキー………50㎖
コーラ…………………… 150㎖
氷………………………… 適量

作り方

① 氷を入れたグラスにウィスキーを注ぎ、
　コーラで割る。

Идиот

* Whisky Base *

アレハバヤ・ヴォトカ くるみのウォッカ

くるみをウォッカに漬け込み、風味を閉じ込めた香りの良い飲料。

Ореховая водка

* Vodka Base *

材料・1人分

くるみ ················· 50g
ウォッカ ·············· 100㎖

作り方

① 薄皮がついたままのくるみの実を用意する。
② 清潔な密閉容器にくるみを入れてウォッカを注ぎ密閉する。1日に1回ずつ振って撹拌しながら冷蔵庫で10日以上寝かせる。
③ 漉してからいただく。

──── **Memo** ────
くるみに含まれた栄養素が健康に良いとされ、1日に少しずつ継続して飲むことがすすめられている。
松かさなどを漬け込む場合もある。

オリンピック

香りが良く飲みやすいロングカクテル。

材料・1人分

ブランデー	40㎖
オレンジキュラソー	20㎖
オレンジジュース	150㎖
氷	適量

作り方

① 氷とブランデーとオレンジキュラソー
をシェイクして、オレンジジュースで
割る。

Memo

オリンピックという名のカクテルは時代
や国によってかなり違いがある。
東ドイツにも同時期に同名のカクテル
があったが、オレンジジュースという
共通点のみでアルコールは強めに仕
上げられていた。

Olympik

* Brandy Base *

ベトン コンクリート

薬酒の香り豊かな、キレのある爽やかなカクテル。

Beton

* Liqueur Base *

材料・1人分

ベヘロフカ	40㎖
トニックウォーター	100㎖
レモン（半月切りまたは輪切り）	1枚
氷	適量

作り方

① グラスにたくさんの氷を入れて、ベヘロフカを注ぐ。

② トニックウォーターで満たし、軽くかき混ぜ、レモンを浮かべる。

アラジン

甘くて強めのショートカクテル。

材料・1人分

グレナデン・シロップ……20㎖
キルシュ（リキュール）……50㎖
ベルモット…………………10㎖
さくらんぼ………………… 1個

作り方

1. グレナデン・シロップ、キルシュ、ベルモットをシェイカーに入れてシェイクする。
2. グラスに注ぎ、さくらんぼを浮かべる。

Aladin

* Liqueur Base *

チェルヴェニー・ミェシーツ 赤い月

色合いが美しいカクテル。甘みは強いがスッキリした味わい。

čený měsíc

* Liqueur Base *

材料・1人分

カシスシロップ	10㎖
ベヘロフカ	40㎖
炭酸水	100㎖
オレンジ（半月切り）	1枚
氷	適量

作り方

① 氷を入れたグラスにカシスシロップ、ベヘロフカを順に入れて炭酸水で満たす。

② オレンジを飾る。

Memo

チェコ以外で飲まれるチェコの薬酒ベヘロフカを使ったカクテル。

エンペラー 皇帝

ビターでスモーキーな味わいの大人のカクテル。

材料・1人分

ツヴァック・ウニクム····45㎖

スイートベルモット
·····················20㎖

オレンジキュラソー·······5㎖

オレンジジュース··········30㎖

氷··························適量

作り方

① 氷を入れたシェーカーにすべての材料を入れてシェイクする。

Memo
薬酒ウニクムの独特の苦味がクセになりそうなカクテル。

The emperor

* Liqueur Base *

アルス・コクテイリス ビールのカクテル

紅茶の効果によりやわらかい口当たり。飲みやすいカクテル。

Als kokteilis

* Beer Base *

材料・2人分

冷たい紅茶	100㎖
砂糖	適量
ビール	100㎖

甘味清涼飲料水
（果汁100%ではないもの）‥ 100㎖

レモン（輪切りまたはくし形切り）
‥‥‥‥‥‥‥‥‥‥ 2切れ

作り方

① 紅茶に砂糖を溶かし、ビールと混ぜ合わせる。

② 清涼飲料水を加えてグラスに注ぎ、レモンを浮かべる。

アボル・クルションス

りんごジュースとワインのカクテル

爽やかな口当たりで飲みやすいカクテル。

Abolu krušons

＊ Wine Base ＊

材料・1人分

白ワイン ·······················50㎖
りんごジュース ··········· 100㎖
ラム酒·····················大さじ1
りんご（スライス）‥2〜3切れ

作り方

① 冷たく冷やしたワイン、りんごジュース、
　ラム酒を混ぜ合わせる。
② りんごのスライスをグラスに入れる。

Espresso Martini

エスプレッソ・マティーニ

コーヒーとハーブの香りが芳醇な、大人のカクテル。

材料・1人分

ブラックバルザム ………40㎖
コーヒーリキュール……20㎖
エスプレッソ ……………30㎖
ガムシロップ……………10㎖
コーヒー豆…………… 3〜5粒
氷…………………… 適量

作り方

① コーヒー豆以外の材料を全部入れてシェイクする。
② グラスに注ぎ、コーヒー豆を浮かべる。

— Memo —

ラトビアのハーブリキュール「バルザム」を使ったキレのあるコーヒーカクテル。

エービク ナイチンゲール

ジンベースの強いカクテル。

ööbik

* Gin Base *

材料・2人分
ジン ·····························75㎖
マンゴージュース ··········75㎖
レモン（輪切り）···············1枚
氷··································2個

作り方

① グラスに氷を入れ、ジンとマンゴジュースを注ぎ、軽くかき混ぜる。

② レモンの輪切りを飾る。

Memo

1973年のソヴィエト料理レシピカードから。
当時はトロピカルフルーツを手にすることは大変稀だったのでマンゴー果汁の濃いものを使うのは難しかったものと思われる。

バンブス 竹

簡単に作れて飲みやすいカクテル。

材料・1人分
※それぞれ適量。割合が1：1であればOK

赤ワイン ……………………… 適量

コーラ ………………………… 適量

氷………………………………… 適量

作り方

① 氷を入れたグラスに、赤ワインとコーラを注ぐ。

Bambus

* Wine Base *

𝕸𝖊𝖒𝖔

スペイン発祥のカクテル「カリモーチョ」が伝わったもので広く親しまれている。
チェコではフォーバ（きのこ）、ルーマニアではモトリナという名称。

「シュヴェイクレストラン」はチェコの風刺作家ハシェクの『善良な兵士シュヴェイク』の時代（第一次世界大戦頃）をコンセプトとしたフランチャイズチェーンのレストラン。チェコとその周辺国で伝統的チェコ料理とビールを提供。インテリアは良き時代の木調で統一してあり、値段も手頃。ヨゼフ・ラダのイラストが目印。

オロモウツチーズのフライ。甘酸っぱいリンゴンベリーとよく会う。
ビール、ウトペネツ、チーズフライで280コルナ
＊1コルナ＝約7円（2024年春）

チェコの酒場メニューといえばソーセージのピクルス「ウトペネツ」（122ページ）。
ピクルスのキャニスターでやってきた。

Švejk Restaurant U Pětatřicátníků
📍Riegrova 227/12,
　301 00 Plzeň 3

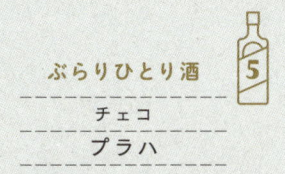

ぶらりひとり酒

チェコ

プラハ

地元の常連さんが入り口付近で立ち飲みしている昔ながらの酒場。食器がインターホテルのもので社会主義時代から経営しているお店のひとつ。臆せずに入店するとゆっくりできるテーブル席もある。チェコの古典的おつまみを堪能するにふさわしいお店。

ミートローフ90コルナ。
玉ねぎが少々ついてくるのが昔ながらのスタイルのようだ。
＊1コルナ＝約6円（2023年春）

Restaurace U Dandů
📍Slezská 552/4,
　120 00 Praha

Neonová noc
ネオンの夜

ネオンガスは1898年にイギリスの化学者ウィリアム・ラムゼーとモーリス・トラバースによって発見された。ネオンはガス放電によって刺激され、赤橙色に発光する。これを用いて1910年、フランス人技術者ジョルジュ・クロードはネオンが充填された蛍光管（ガス放電管、すなわちネオン管）を発明した。実用化されたネオン管は世界の夜を変えた。暗闇に文字や絵が浮かび上がる夜を誰が想像しただろう。1930年代、ネオン看板は黄金期を迎え、東ヨーロッパの国際都市でもネオン看板が煌めくようになった。それはブダペシュトで、カトヴィツェで。1940年、光は寂しく灯り、消えた。やがて戦後の復興期を迎え、1960年代、労働者の身近にもネオンはやってきた。ほのかに灯る彩りの街は娯楽の少ない時代、人々にとっては幻想的な夜の世界であった。子供たちにとってはおとぎの国だった。しかしこの頃になると資本主義の国では革新的な変化が起こっていた。エネルギー消費量が低く、寿命が長い新しい照明に切り替わっていったのだ。閉ざされた社会主義経済下で従来のネオン看板は輝き続けたが、民主化と共に「新しいもの」に淘汰されたネオン管は時に故障したまま放置され、やがて人々に忘れ去られていった。

今日は安価なLEDライトに換わり、ネオン管の技術者自体が少なくなり修繕すら難しい状況にある。しかしネオン看板はその時代の美しい書体とデザインを反映するものとして見直され、保存が進んでいる。

左：ワルシャワ・ポヴィシレ駅の旧チケット売り場を利用したカフェバー。屋根上の看板文字は当時のものを修繕し設置された。

1959年オープンのワルシャワの大衆食堂「バル・バンビーノ」のネオン看板。看板自体は新しいものであるが、1960年に設置されたものを踏襲しており、人々に親しまれている。

ポーランドの都市カトヴィツェは1930年代、「ポーランドのシカゴ」と称され、ネオンが輝く国際都市であった。1970年代にはネオンは 1000ヶ所を超え黄金期を迎える。民主化後は前述の通り急速に廃れていったが、近年約100個のネオン看板が復活した。中心地にはネオン案内板も設置されており、かつての光を求めて夜の散策を楽しむことができる。

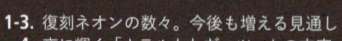

1

2

3

1-3. 復刻ネオンの数々。今後も増える見通し
4. 夜に輝く「ホテルカトヴィツェ」の文字。
ホテルは1965年に建てられた

4

第二次世界大戦により都市が破壊された東ドイツにおいてネオン管は、1960年ソヴィエトから導入された。ロシアとウクライナはソヴィエト時代から鉄鋼産業の副産物としてネオンを製造してきた。産出したネオンガスの大部分はウクライナの工場に送られ、精製された。

2022年まで世界のネオンガスの半分はウクライナで生産されてきたが、その工場はマリウポリとオデーサにあり、ロシアの侵攻以降は製造がストップしてしまっているため、国際価格は跳ね上がっている。

1

1. 1903年から続くマーゴン社の炭酸水の広告（ドイツ・ピルナ）
2. 1956年から続く「カフェ・プラハ」（ドイツ・ドレスデン）
3. ビール醸造所「ランズコルン」の広告（→ビールラベルP20の4、P21の12）（ドイツ・ゲルリッツ駅）

2　3

1. 「スプーン家族」東ドイツを代表する
   ネオン看板。スープをすくって飲む
   動作をする（ドイツ・ライプツィヒ）
2. 食料品店。現在はスーパーマーケット
   （ドイツ・ライプツィヒ）
3. 国家書籍取引機関の看板「読書マン」
   （ドイツ・ライプツィヒ）
4. 「ビールマン」（ドイツ・ライプツィヒ）

1. ホテル（ドイツ・マイセン）
2. デパート看板。1968年（ドイツ・ケムニッツ）
3. 「ワインマン」1967年（ドイツ・ケムニッツ）
4. ミルクバー・ディスコ（ドイツ・ヴルツェン）

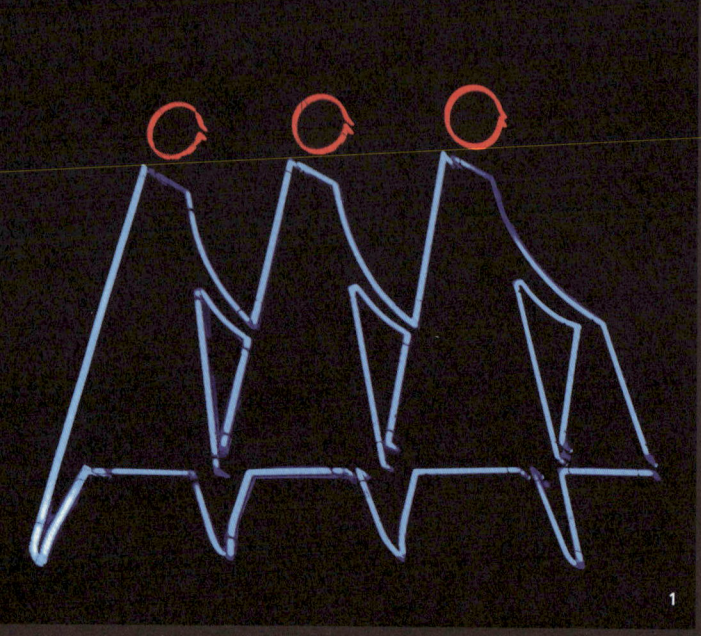

1. 東ドイツHO（ハー・オー）スーパー
   マーケットのロゴ
2. カール・マルクス書店。1953年（ド
   イツ・ベルリン）
3. 商店看板（ドイツ・ライプツィヒ）
4. 花屋の看板。東ドイツ時代は屋号の
   表示がなかったので、扱う物を店の
   表示としていた（ドイツ・アウエ）

1. オストラヴァ・ヴィトコーヴィツェ駅。1964年（チェコ・オストラヴァ）
2. ウージペスト旧国営百貨店。1952年。電飾は現在は点灯しないが創業当時から変わらぬ外観。夕日を受ける姿が美しい（ハンガリー・ブダペシュト）
3. ブダプリント国営繊維工業看板（ハンガリー・ブダペシュト）

Cigarety vše vyřešili

タバコがすべてを解決してくれた

男女共に等しく働いていた時代、1日の勤務時間は平均7時間、重労働者は6時間ほどで、休憩時間は30分〜2時間という具合であった。賃金や長期休暇、住居の取得などの社会保障にはあやかっていたが、日常の不条理や過度の緊張感（他人による監視など）、物不足から生じるストレスから解放される手段としてタバコやお酒は最適であっただろう。特に1980年代、ソ連においては禁酒令（167ページ）が発令され、アルコール依存気味の労働者たちのストレスは増大し、タバコの供給が追いつかなくなった。人々はタバコを買うために長い時間並び、一本売りのタバコを求めたり、吸い殻を売ったりする者も出現した。タバコは物事をうまく進めるための「賄賂」としての地位を確実なものにした。そんな彼らのタバコも大半が1990年から2000年の間に姿を消していった。

タバコがすべてを解決してくれた時代は幕を下ろし、タバコやお酒に安らぎを求めた労働者たちは今や60歳以上である。コストパフォーマンスが求められる時代、関税でタバコが高額になっていき、若年層はタバコ離れしている。資本主義へと変わり、タバコの味も変わったとベテラン愛煙家たちは口を揃えて言うが、彼らは良いお客様のままだ。

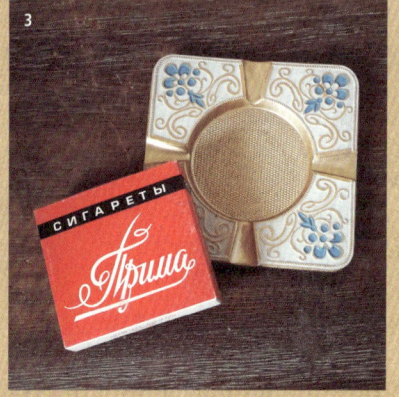

1. 東ドイツのタバコ自動販売機
2. ハンガリーのタバコ展示（ブダペシュト・レトロ博物館）
3. ロシアタバコ「プリマ」とソヴィエト・カザフ製灰皿

1

3

4

5

2

ソ連のタバコ

1.「ボストーク」ソヴィエト
2.「コスモス（宇宙）」ソヴィエト。70コ
   ペイカ。ソ連を代表するタバコで、ソ
   ヴィエト標準規格でさまざまな地域で
   作られた。高級タバコ
3.「ツポレフ134」ブルガリア。アエロフ
   ロート・ツポレフ134型機のパッケージ
4.「ライカ」モスクワ・デゥカット工場。
   30コペイカ。労働者の喫煙休憩を短く
   するよう仕向けるために短いタバコだっ
   たといわれている
5.「ベロモルカナル」ソヴィエト。通称「ベ
   ロモル」1937年の白海＝バルト海運河
   の完成にちなんだもの。代々デザイン
   を踏襲

タバコの葉は南コーカサス、中央アジア、ウクライナ、クラスノダール地方で生産されており、8つのグレードに分けられていた。労働者は庶民的な銘柄であっても安価で質の良いタバコを手に入れることができた。

すべてのタバコ製品はGOST規格（ソ連で定められた標準規格の品質保証）によってチェックされており、規格から逸脱した場合は罰金や工場閉鎖も課せられた。ビールの章で触れた通り、規格に従い共通銘柄をソ連の各地で作っており、例えば「コスモス」は広く知れ渡ったタバコであった。

ソ連時代は同盟国から輸入された「外国タバコ」も広く流通し、北朝鮮、中国、ヴェトナムのタバコも好まれた。

1

2

3

4

5

6

1. 「クリスマス」缶入りタバコ。チェコスロヴァキア
2. 「ハンティング」葉巻タバコ。東ドイツ
3. 「ヴィソケー・タトリ」缶入りタバコ。チェコスロヴァキア
4. 「タリン」エストニア SSR
5-6. 「デゥナレア」ルーマニア

1.「セヴァン湖」アルメニアSSR。30コペイカ
2.「ノーヴォスチ（ニュース）」ソヴィエト。レオニード・ブレジネフ愛煙の安価なタバコ。18コペイカ
3.「エクスプレス」ウクライナSSR。40コペイカ

4.「ペガサス」ロシアSFSR。40コペイカ
5.「ストリチノエ（首都）」ロシアSFSR。高級タバコの一種。60コペイカ
6.「リーガ」ラトビアSSR。40コペイカ

7.「ドナウ」ブルガリア。0.25レフ
8.「フィルター」ソヴィエト。40コペイカ。ウクライナ中心に生産されていたが、1980年以降ソヴィエト各地で生産されるようになった

1. 「イスクラ（火花）」ロシア
SFSR。40コペイカ
2. 「カザフスタン」カザフ SSR。
40コペイカ
3. 「ヤヴァ」ソヴィエト。1912
年から生産されている銘柄
でいろいろな階級の人に愛
されたタバコ。60コペイカ

4. 「プリルキスキー」ウクライ
ナ SSR。40コペイカ
5. 「オパール」ブルガリア
6. 「リヴィウ」ウクライナ SSR。
40コペイカ

ポーランド人民共和国においてタバコは
コーヒー並みに高価であったが需要は高
く、さまざまな銘柄が作られた。西側諸
国のライセンスを得てマルボロを作って
いたが一級高級品となり、賄賂として最
適であった。

＊1980年の価格でウォッカ500ml＝1ドル。1982−88
年の間、およそ1ドル＝600ズウォティ

ポーランドのタバコ

1-2. 「ラドムスキー」460ズウォティ、750ズウォティ。
国営ラドムタバコ工場の製品で、庶民的な銘柄。ラ
ドムでは1920年代にタバコが作られるようになった。
今は英国インペリアル社の傘下ではあるがナチス占
領期、社会主義時代を生き延びたタバコ工場の一つ

3. 「ドゥカット」アルバニアで製品化されたポーラン
ド加工のタバコを逆輸入したもの
4. 「首都」900ズウォティ。特別な風味づけをされた高
級タバコ
5. 「ポピュラー」クラクフ工場。800ズウォティ

ハンガリーのタバコ

ハンガリーの国産タバコは品質の面で安定しなかったが、1962年ようやく初のフィルタータバコ「フェシュケ（つばめ）」が誕生した。労働者向けに作られた安価なタバコは爆発的人気を得た。戦後はタバコのパッケージにスローガンを用いる傾向にあったが、1970年代になると広告を伴ったタバコが増え、タバコの銘柄を載せない純粋な「広告タバコ」が多数出現した。実際パッケージを見ると生産地が確認できないのは驚くが、広告グラフィックの変貌を垣間見ることができるのがハンガリータバコにおける最大の特徴である。

社会主義時代はさまざまな銘柄の外国タバコも流通しており、またオーストリアの「ミルデソルテ」など西側諸国のライセンスを得たタバコも生産し始め、国産タバコが伸び悩む原因にもなっていた。

民主化されると国内に残っていた工場は外国企業の傘下となり、ハンガリー独自の銘柄は姿を消していった。

1. 「コシュート」デブレツェン。4.2フォリント。1973-1979年の価格。この銘柄は2013年に終売となった
2. 「つばめ」デブレツェン。5.5フォリント。1973－1979年の価格。もっとも有名で愛されたハンガリーのタバコ。1999年終売
3. 「ラッキー」ラッキー製菓広告タバコ
4. 「パノラマ」ミシュコルツ（町）の広告タバコ
5. 植物油産業及び洗剤製造国営企業広告タバコ
6. 生活協同組合広告タバコ

＊1980年1月のレート　1ドル＝32フォリント

Zápalkové krabičky
マッチブック
【東ドイツ & ポーランド】

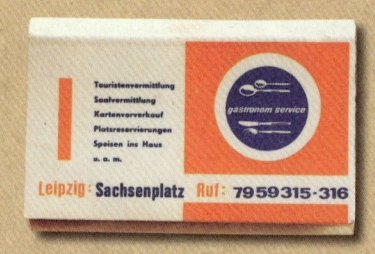

映画の中の酒場

赤いオウムの夜

＊カカドゥ・バー

【ドレスデン・ヴァイサーヒルシュ】

2006年公開のドイツ映画『デア・ローテ・カカドゥ（赤いオウム）』は1961年ベルリンの壁ができる前夜のドレスデンを舞台にした若者たちの青春と時の苦悩を描いた作品である。1961年といえば、東ドイツ建国から12年。大空襲を受けたドレスデンはまだまだ復興の道半ばであったが人々の戦争の傷がようやく和らいだ頃だろうか。この年は東ドイツ人民にとって忘れ得ぬ年になった。映画は湧き上がるガガーリンの有人宇宙飛行成功から始まり、まだ東西の行き来が絶望的ではなかった頃の人々の生活と、地方都市での若者たちのナイトライフ、秘密警察との関わり、人々の監視が生々しく描かれている。そしてベルリンの壁による分断のその日を迎え、幕を閉じる。1961年のスリリングな流れと東ドイツの1970年代の文化成熟期とは違う、重厚さを感じる劇中のインテリアや建物に私はたちまち虜となった。

東ドイツ時代のドレスデンが舞台なのは大変珍しい。ドレスデンは第二次世界大戦終盤に激しい空爆を受け、市街地のお

よそ85%が被害を受けた。舞台となるヴァイサーヒルシュはエルベ川北岸の古くからのヴィラ邸宅が並ぶ美しい地区で、中心地から離れていることが幸いし空襲の被害を免れた。若きプーチンがKGB時代に住んでいた屋敷も遠くなく、そこからヴァイサーヒルシュまでは緑のアーチを抜けていく。

『赤いオウム』のタイトルは伝統あるパークホテルの地下にあるカカドゥ・バーからつけられている。1954年にオープン

し、赤いオウムの置物がトレードマーク。劇中では若者の溜まり場となっており、そこを中心にいろんな事件が起こっていく。パークホテルは民主化後に元の持ち主に返還され、ホテル経営は休止となった。所有者も変わっていき、テナント以外の活動はほぼ皆無に等しかった。新たなオーナーの下で活動が活発になったのは2016年頃で、以降週末はイベントでダンスホールやカカドゥ・バーが営業する日が増えてきた。

閑静な住宅地に現れる赤い光で見逃すことはない。
2022年、ドレスデン訪問時、イベントのタイミングと合い、やっと入場する機会を得た。

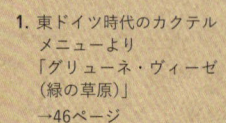

1. 東ドイツ時代のカクテル
メニューより
「グリューネ・ヴィーゼ
（緑の草原）」
→46ページ
2. カカドゥ・バーのオリジ
ナルカクテル
「赤いオウム」
マスコットの赤いオウム
も健在
3. バーはボックス席もいく
つもあり、東ドイツ時
代は人民の監視要員も
客に混じって席に座って
いた
4. 階段ホール、クロークな
ど、ほぼ手を加えられ
ておらず創業当時の姿
のままだ

ヴァイサーヒルシュは大変落ち着いた地区で高台にあり、対岸のドレスデンの中心地を望むことができる。新市街から、ヴァイサーヒルシュへ。「青い奇跡」を渡り、バロック様式の巨大庭園グローサー・ガルテンを通り、プラッテンバウ（東ドイツのパネル建築・集合住宅）が並ぶ地区をへてツヴィンガー宮殿のある旧市街まで戻る一周コースは、各時代を振り返る時空の旅だ。ドレスデン訪問前には『赤いオウム』の映画の視聴をおすすめしたい。

1. エルベ川にかかる橋「ブラオエス・ヴンダー（青い奇跡）」。1893年完成の美しい鉄橋
2. 別館ホテルの部屋から見たパークホテルの裏口（2012年）。カカドゥ・バーの常連となった主人公のシギーたちは昼間はこの辺りにたむろしていた

Der Rote Kakadu
赤いオウム
2006年公開のドイツ映画。
監督ドミニク・グラフ

Kakadu Bar　カカドゥ・バー
Parkhotel Dresden
Bautzner Landstraße 7,
01324 Dresden

Kapitola 2

前菜、スナック、おつまみレシピ

ホットドッグやフライドチキンなどのいわゆる「資本主義の味」は
今現在広く好まれているスナックであるが
社会主義時代にはどのようなおつまみが好まれていただろう。

同じ食材で調理法を変えることにより出来上がるシンプルで美味しいおつまみ。
休日のもてなしにテーブルに並んだいくつもの前菜。
それに合わせるお酒。
それぞれが出会う楽しい時間は普遍的な人の営み。

※料理名のうち、「　」内の表記は、現地語の邦訳。

ポーランド雑誌「OPINIA」
1967年3号より

RYBY... RYBY... RYBY...
poleca ZJEDNOCZENIE GOSPODARKI RYBNEJ

ニシンはウォッカのおつまみとして
最適といわれている。他にキャビ
アやイクラも好まれている。イワシ
もニシン同様に親しまれたが、回
遊の関係である時期獲れなくなっ
た。近年は回復傾向にあるという。

ウォッカとおつまみの おいしい関係

ロシアには「закусывать（おつまみを食べる）」という動詞があるほど、おつまみの種類が豊富。ロシアやポーランドなどのウォッカ地帯において、おつまみは酔いを軽減するために欠かせないもので、娯楽が少なかった社会主義時代は週末の家族団らんや来客をもてなすための食文化としても発展した。手の込んでいない即席つまみのレパートリーも多く、そのような簡単なおつまみは立ち飲み店（ロシア語：Рюмочная／リューモチナヤ）でも楽しむことができた。シンプルなおつまみを用意してウォッカとの相性を試してみる楽しさ。そこにまたウォッカを通してのコミュニケーションが生まれていく。ウォッカをはじめ、ビールやワインに合う、一手間加えたおつまみレシピは次ページより。

どの組み合わせが最上？？

1. ロシア・ルスカヤ 40%
2. ロシア・オホトニッチャ 40%
3. ポーランド・ズィトニウフカ 38%
4. ポーランド：ジュブルフカ（ズブロッカ）37.5%
5. ロシア・リモンナヤ 40%

簡単おつまみの代表格

6. ピクルス（きゅうりやきのこ）
7. ゆで卵
8. 加工肉（サーロやソーセージ）
9. 燻製の魚や酢漬けの魚と黒パン
10. ゆでたじゃがいも

プレート：東ドイツ（コルディッツ）
グラス：ソヴィエト
クロス、フォーク：東ドイツ

Bauernfrühstück

104

バオエルンフリューシュトゥック

じゃがいものオムレツ「農村風朝食」

ジャーマンポテトのオムレツで、日本人には馴染みの味。

材料・2人分

じゃがいも	2個
玉ねぎ	1/4個
ソーセージ	4本
※ベーコンなどの加工肉で代用可	
卵	3個
塩	小さじ1/2
牛乳	少々

作り方

① 皮をむいてゆでたじゃがいもの粗熱をとり、輪切りにする。

② 玉ねぎを細切りにし、ソーセージをやや大ぶりに刻む。

③ 卵を割りほぐし、塩と牛乳を入れてよくかき混ぜる。

④ フライパンに油（分量外）を熱し、①と②を入れて玉ねぎが透き通るまで炒めて取り出す。

⑤ 中〜弱火にし、卵液を2/3ほどフライパンに流し入れ、④を入れてから残りの卵液を流し入れる。
表面が固まったらできあがり。

Memo

直訳すると「朝食」という単語が含まれるが、朝食に限って食べられるものでもなく、立派な一品料理として食堂で提供されることが多い。卵料理の一種であるため家庭により炒り卵風になっていることもあり、特にベルリン周辺ではホッペル・ポッペルとも呼ばれ（『ノスタルジア第2食堂』48ページ参照）。具を包み込むだけのオムレツのパターンもある。

Klassische Currywurst

プレート：ハンガリー
クラス、コースター：東ドイツ
クロス：ソヴィエト

旧東ドイツ

クラッシッシェ・カリーヴルスト

カレーソーセージ（クラッシック版）

今もドイツで軽食として親しまれているスナック。ビールの良き相棒。

材料・1人分

ソーセージ（大きめ）……… 2本
テーブルパン……………… 1個

〈ソース〉
- ケチャップ………… 大さじ2
- ウスターソース…・大さじ1
- カレーパウダー…・小さじ1/2

作り方

① フライパンに油（分量外）を熱し、ソーセージをまんべんなく炒めて取り出す。

② ソースの材料を混ぜ合わせてソーセージにかける。パンを添えていただく。

Memo

東ドイツの首都ベルリンで露店ができるほど人気だったカリーヴルスト。元々の販売方法ではソーセージは切られておらず人々は手でつまんで食べていた。現在も有名店は残っているが、カットされたソーセージに追いカレー粉をまぶしてあり（写真左）、マヨネーズがけフライドポテトを添えるのが定番のスタイルとなっている。

ゾルダーテンクネッペ

厚塗りバターパン「兵士のボタン」

さっと準備できる手軽なスナック。

プレート：ハンガリー
グラス：東ドイツ

材料・1人分

パン（スライス）……… 1〜2枚
バター ……………………… 適量
玉ねぎ ……………………… 適量
塩、胡椒 ………………… 各少々

作り方

① パンにバターを厚く塗る。
② 玉ねぎをスライスし、パンにのせる。
③ 塩、胡椒を振ってできあがり。

— Memo —

兵士のボタンの由来は謎であるが、夕食に食べるパンとして紹介されていたレシピ。シンプルだからこそ美味しい、質の良いパン（ミッシュブロートやラントブロートなど、ドイツパン屋で売っているものがおすすめ）を合わせたくなる一品。

Soldatenknöppe

フレプ・ゼ・スマルツェム

ラードのパン（スロヴァキア：マスニー・フリェープ）

コクのあるラードを塗ったパン。ウォッカなど強いお酒に合う。

プレート：ソヴィエト（コナコヴォ）
グラス：東ドイツ

材料・1人分

ラード	適量	マジョラム	少々
玉ねぎ	少々	塩	少々
ベーコン	ひと切れ	パン（スライス）	2枚

作り方

1. フライパンを火にかけラードを溶かす。
2. みじん切りにした玉ねぎ、刻んだベーコンを入れ、マジョラムと塩を振り、ベーコンに焦げ目がつくまで丁寧に炒める。
3. 皿に移し、冷やし固めて、パンに塗る。好みでピクルスとスライスした玉ねぎを添えていただく。

Memo

ラードのペーストはドイツから東の地域でよく見られるパンのお供で、スーパーでも売られている。
豚の脂身からラードを作るところから始めるとラードのスナック（148ページ）もできるので、是非試してほしい。

Chleb ze smalcem

ポーランド

ヤイカ・フ・マヨネジー マヨネーズソースがけ卵

絶品マヨネーズソースの虜！

プレート：ポーランド（ルビアナ）
グラス：チェコスロヴァキア
フォーク：ポーランド

材料・2人分

ゆで卵 ·························4個

〈ソース〉

万能ねぎ（刻む）·········適量
マヨネーズ ··········大さじ2
ヨーグルト（無糖）··大さじ2
レモン汁··············少々
牛乳 ················大さじ1
ホースラディッシュ（すりおろす）
·························小さじ1/4

作り方

① ソースの材料をすべて混ぜ合わせる。

② 固ゆでにした卵を縦半分に切り、下を向けて並べて①のソースをかける。好みでパプリカパウダー、またはディルを振っていただく。

Jajka w majonezie

110

ポーランド

ガラレタ 鶏肉のゼリー寄せ

鶏肉を煮たスープで作るゼリー寄せ。カーニバルやパーティーの定番料理。

Galareta

プレート：ポーランド（ルビアナ）
グラス：チェコスロヴァキア
フォーク：ポーランド

材料・3〜4人分

（ゼリーカップなど小型のものを使用）

鶏むね肉 …………………… 200g	にんにく ……………………… 1片
香味野菜（にんじん、パセリなど）	グリーンピース ………… 適量
……………………… 適量	粉ゼラチン……………… 10g
	塩………………………… 少々

作り方

① 湯を沸かして、香味野菜と塩を入れ、
　鶏肉をゆでる。

② 肉がゆで上がったら冷ましてほぐし、
　刻んだにんにくと混ぜておく。

③ ゼリーなどの小さめの型を数個用意し、
　食べやすくカットした香味野菜、ゆで
　たグリーンピース、②を入れ、粉ゼラ
　チンを規定通りの分量のゆで汁で溶か
　して型に注ぎ入れる。

④ 冷蔵庫で冷やし固めてできあがり。

╍ Memo ╍

同様のゼリー寄せは、広く
どこの国でも作られているが
ポーランドのゼリー寄せは具
材が3種類くらいの小ぶりな
もの（『ノスタルジア食堂』
14ページに東ドイツとエスト
ニアのレシピを掲載）。

Paprykarz
szczeciński

ボウル：ポーランド（ルビアナ）
プレート：ポーランド（ルビアナ）
グラス：東ドイツ
ナイフ：東ドイツ

パプリカルツ・シュチェチンスキ

シュチェチン発トマト風味の魚肉料理「シュチェチンのパプリカ」

魚を余すところなく使う知恵から生まれた料理で、缶詰で輸出されていた。
シュチェチンの名物料理で前菜として出される。

材料・2〜3人分

フレーク状の魚 ……………… 適量
※ツナ、さばなど缶詰肉やタラの
切り身でOK
玉ねぎ（小） ……………… 1個
にんじん ………………… 1本
塩 …………………………… 少々

〈A〉

トマトピューレ・1/3カップ
顆粒スープの素 … 小さじ1
パプリカパウダー・小さじ1
米飯 ………………… 適量
（小さめの茶碗に軽く一杯程度）
唐辛子（粉）…… ひとつまみ
オリーブオイル … 小さじ2
レモン汁………… 小さじ1
砂糖 ………………… 小さじ1

作り方

1. 鍋にオリーブオイル（分量外）を熱し、ほぐした魚、みじん切りにした玉ねぎとすりおろしたにんじんを炒める。
2. 野菜に火が通ったらAを追加し、弱火で炒める。
3. 水分がなくなったら塩で味をととのえてできあがり。

Memo

1960年代に魚肉缶詰工場で加工した残り魚肉を使うことで考案された魚のリゾットのような料理。缶詰として32ヶ国に出荷されていた。シュチェチンの工場では今は作られていないが、2010年に伝統製品として認定され、缶詰の記念碑も作られた。そのまま冷製サラダのように食べたり、パンにのせたりして食される。現在もスーパーマーケットで販売されている。

コレツキ　ポーランド式カナッペ「コルク」

パーティーに最適のつまみで、甘いバージョンは大晦日に作られる。
1960年代に流行した。

Koreczki

トレイ：ソヴィエト
ピック：東ドイツ

材料・好みの具材を適量

パン（スライス）…………… 適量

好みの具材………………… 適量

※チーズ、オリーブ、サラミ、ドラ
イトマト、ハム、きゅうりなど

作り方

1. パンを小さい正方形にカッ
   トし、他の具材も大きさを
   揃えて切る。
2. パンを土台にして2〜3種
   類の具材をのせ、ピックで
   刺す。
3. 具材違いのパターンを数種
   類作り、トレイに並べる。

ポーランド

シレジ・ポ・ヤポィンスク 日本風ニシンの前菜

「日本人は数の子（ニシンの卵）好き」、が転じて「ニシンと卵」で作られるようになった、と
伝言ゲームのような説がある前菜。

Śledź po japońsku

材料・2～3人分

塩漬けニシン……………… 3枚
ゆで卵……………………… 2個

〈ソース〉

マヨネーズ……… 大さじ2
マスタード（粒なし）
……………… 小さじ1/2
水切りヨーグルト‥ 大さじ1
万能ねぎ…………… 適量
塩、胡椒…………… 各少々

作り方

① 塩漬けニシンを細かくカットする。万能ねぎは小口切りにし、ソースの材料をすべて混ぜ合わせる。

② ゆで卵をくし形切り、または細かくカットし、ソースと混ぜる。

③ ②とニシンを軽く混ぜ合わせ、好みでディルまたはパプリカパウダーをかけ、ゆでたじゃがいもを添えていただく。

Memo

ポーランド人が好きな前菜、ニシンと卵を組み合わせたサラダで、勘違いから「日本風」と呼ばれるようになったが極めてポーランド風のサラダ。ソースの和え方や大きさ、盛りつけ方はバリエーションに富み、大きめのニシンで巻くように盛りつけるとより前菜らしさが出る。

プレート：東ドイツ（コルディッツ）

中央駅近辺で心地よく飲みたい時におすすめのお店。ビールやカクテルが充実しており、座席数も多いので夏はテラスで、冬は店内でゆっくりできる。

Leos Brasserie

📍 Reichsstraße 20, 04109 Leipzig

チェリービール（500㎖）4.6ユーロ。
＊1ユーロ＝約160円（2024年9月）

市内に数店舗あるデリカテッセン（惣菜）とコンディトライ（お菓子）のお店。豊富なデリカテッセンの種類の中から最適なおつまみを探したくなる贅沢なお店。

FEINKOST RÖSELING

📍 Gottschedstraße 9, 04109 Leipzig

選べる惣菜3種盛りとスパークリングワインで15ユーロ。

ぶらりひとり酒　6

ドイツ

ライプツィヒ

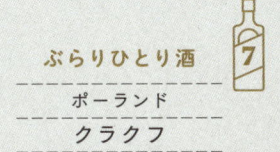

ポーランドのおつまみの代表格「ニシン」の美味しさを伝えるその名も「ニシン大使」という名のバー。ニシン料理の豊富さに驚き、そしてニシンの美味しさに目覚めるはず。カウンターで会計してから料理を用意してくれるので利用しやすい。

ワイン、ビーツとニシンのサラダ。39ズウォティ。酢漬けにした肉厚のニシンとビーツの甘みがたまらない一品。これは真似したくなる。
＊1ズウォティ＝約40円（2024年9月）

Ambasada Śledzia

📍 Stolarska 8/10, 31-043 Kraków

nakládaný hermelín

ナクラーダニー・ヘルメリーン

オイル漬けカマンベール

にんにくの風味がカマンベールの味を引き立て、口の中で余韻が広がる一品。

材料・作りやすい量

カマンベールチーズ……… 1個
玉ねぎ …………………… 1/4個
にんにく ………………… 2片
好みのスパイス ………… 適量
※タイム、チリペッパー、ローズマリーなど（なくても可）
塩……………………………… 少々
パプリカパウダー ………… 少々
唐辛子（または鷹の爪）…… 1本
黒胡椒（粒）………………10粒
オールスパイス（粒）…… 適量
ローリエ …………………… 1枚
サラダ油 ………………… 適量

作り方

1. 玉ねぎを薄切りにし、にんにくは潰しておく。
2. カマンベールチーズを水平にカットして開き、内側の面を上にして好みのスパイスと塩を振りかける。もう一方の面をにんにくでこすり、薄くスライスした玉ねぎを半量ほど置いてもうひとつのチーズをかぶせる。
3. 上からパプリカパウダーをかけ、清潔な密閉容器に入れ、唐辛子、黒胡椒、オールスパイス、ローリエ、残りの玉ねぎを隙間に埋めてサラダ油でおおう。
4. 冷蔵庫で3日ほど冷やしてできあがり。

Memo

ヘルメリーンチーズは「チェコのカマンベール」といわれているチーズ。味も食感もほぼ同じなのでカマンベールで代用。チェコの居酒屋の定番メニューのひとつ。

トヴァルシュコヴィー・タタラーク カッテージチーズのタルタル

カッテージチーズを使った激ウマペースト。

Tvaružkový tatarák

材料・作りやすい量

カッテージチーズ	200g
バター（室温に戻す）	50g
玉ねぎ	1/4個
マスタード（粒なし）	大さじ1
パプリカパウダー	少々
チリパウダー	少々
胡椒	少々
塩	ひとつまみ
にんにく（すりおろす）	少々

作り方

1. 玉ねぎをみじん切りにする。
2. すべての材料を混ぜ合わせ、冷蔵庫で短時間冷やせばできあがり（1時間程度は冷やした方が美味しい）。好みで薬味を振っていただく。

プレート：東ドイツ（コルディッツ）
グラス：ソヴィエト
ナイフ：東ドイツ

スマジェネー・シャンピオニィ

きのこのフライ

食堂、酒場の定番メニュー。ジュワッと美味しいフライ。

プレート：東ドイツ(コルディッツ)
グラス：ハンガリー
フォーク：ポーランド
クロス：東ドイツ

材料・作りやすい量

マッシュルーム …… 30〜40個
小麦粉 …………………… 適量
溶き卵 ……………… 1〜2個分
パン粉 …………………… 適量
揚げ油 …………………… 適量
タルタルソース（市販）…適量

smažené žampiony

作り方

①　マッシュルームを水洗いし、付着物を取り除き、水気を拭き取る。

②　マッシュルームに小麦粉をつけ、溶き卵にくぐらせ、パン粉をつけてきつね色になるまで揚げる。

③　市販のタルタルソースをかけていただく。つけあわせはゆでたじゃがいもやフライドポテトが定番。

Utopenec

プレート：ソヴィエト（リーガ陶器）
グラス：東ドイツ
フォーク：ソヴィエト
コースター：チェコスロヴァキア

チェコ

ウトペネツ
ソーセージのピクルス「水死体」

ユニークな名前のパブの定番おつまみ。

材料・作りやすい量

ソーセージ（大きめ）… 7～8本
※加熱処理されたもの
玉ねぎ ………………………… 1個
鷹の爪 ………………………… 2本
〈ピクルス液〉
酢 …………………………… 200㎖
水 …………………………… 300㎖
塩 …………………………… 小さじ1
砂糖 ……… 大さじ1と1/2
サラダ油 ………… 小さじ1
ローリエ ………………… 2枚
胡椒（粒）………………… 少々
オールスパイス ……… 少々

作り方

① ピクルス液の材料を鍋に入れて5分煮立たせて冷ましておく。
② ソーセージに真ん中が開くように切り込みを入れる。
③ 薄くスライスした玉ねぎをソーセージの切り込みに挟む。
④ ③と鷹の爪、残った玉ねぎを瓶に詰め、ピクルス液で満たし密閉する。
⑤ 冷蔵庫で7日以上寝かせてできあがり。

— Memo —
彩りでパプリカを入れるのも良い。瓶は殺菌した清潔なものを使用すること。

トピンカ ガーリックトースト

シンプルだからこそ旨味をダイレクトに感じる良き酒のつまみ。

材料・2人分

パン（スライス）…………… 2枚
にんにく ……………… 2〜3片
塩…………………………… 少々

作り方

❶ フライパンに少量の油（分量外）を熱し、
　パンを両面焼く。
❷ にんにくをパンにこすりつけ、塩を振る。

Topinka

プレート：チェコスロヴァキア

チェコ

フレビーチェク オープンサンド

デリカテッセンの主役。もてなしの前菜としても作られるフレビーチェクは、
小ぶりで旅行者が気軽につまめるありがたい惣菜パンでもある。

プレート：東ドイツ（コルディッツ）

Chlebíček

材料・好みの具材を適量

バゲット	適量
ゆで卵	適量
トマト	適量
ハム	適量
サラミ	適量
ピクルス	適量
パプリカ	適量
チーズ	適量
バターまたはマヨネーズ	適量

※写真奥は、ゆで卵とマヨネーズ適
量を和えたもの

作り方

① バゲットを斜めに切る。

② 具材を食べやすい大きさに
切り揃える。

③ バゲットにバター、または
マヨネーズを塗って具材を
のせ、4種類くらいを組み
合わせてたくさん作る。

Memo

通常のサンドイッチの具材と同じよう
に用意する。ハムはそのままのせるの
ではなく、波状に手繰り寄せたり筒
状にすると美しく仕上がる。年越しの
祝いにもたくさん用意される。華やか
でパーティー向き。

Šunkové rolky

プレート：ドイツ（バヴァリア）
ナイフ、フォーク：東ドイツ

チェコ

シュンコヴェー・ロルキー ハムのロール

古典的なおもてなしの料理。シンプルな具材であるが、見た目も味も想像以上。

材料・作りやすい量

水切りヨーグルト ········ 100㎖
ホースラディッシュ（すりおろす）
··································· 適量
ゆで卵 ··························· 2個
塩、レモン汁 ··············各適量
スライスハム ················· 200g
※大き目のものが巻きやすい
きゅうりまたはピクルス、
ディル（飾り付け用）······各適量

作り方

① 水切りヨーグルトにホースラディッシュを加え、滑らかになるまでよく混ぜる。

② ①に刻んだゆで卵を加えて混ぜる。塩とレモン汁で味をととのえる。

③ ②をスプーン2杯程度ハムの上にのせて巻いていき、端を下に向けて盛りつける。

④ 彩りにきゅうりやディルを添えてできあがり。

サラート「アチク・チュチュク」／シャキャロップ

トマトのさっぱりサラダ

中央アジア諸国で愛されているシンプルな味付けのサラダ。

プレート：ソヴィエト（タシュケント陶器）
フォーク：ソヴィエト

材料・2〜3人分

トマト	2個
にんにく	1片
玉ねぎ	1個
塩	ひとつまみ
カイエンペッパー	ひとつまみ
ディルまたはイタリアンパセリ	適量

作り方

1. トマトを薄くスライスする。にんにくはみじん切りにする。
2. 玉ねぎを薄くスライスし、水にさらしたあと水気を拭き取り、すべての材料と混ぜ合わせる。
3. 冷蔵庫で冷やしてからいただく。

салат «ачик · чучук» / Шакароб

ラヴァシュ アルメニアの平たいパン生地

アルメニアの国民食で旧ソヴィエト全域、トルコ、バルカン半島で食されているパン生地。
具を包んだりのせたり、スナックとして幅広く浸透している。

グラス：ソヴィエト

材料・4枚分

（生地のみ）

薄力粉	240g
塩	7g
サラダ油	大さじ1
湯	135㎖

Memo

ケバブなどの具材を巻いてラップ式で食べるストリートフード（シャウルマ）の生地。
焼き上がったら霧吹きで水をかけておくと具材を包む時に割れにくく、巻きやすい。

作り方

1. 振るっておいた薄力粉に塩、サラダ油を入れ、湯を少しずつ足しながら2〜3分こねる。
2. 生地が乾燥しないようにふきんなどで覆い、30分寝かせる。
3. 生地を4等分にして丸め、麺棒で円形に延ばす。
4. 3〜4㎜くらいの厚さに延ばしたら、フライパンで両面に少し焦げ目がつく程度に焼く（油は引かない）。好みの具材を包んでいただく。

драники

プレート：東ドイツ
グラス：チェコスロヴァキア

ドラニキ じゃがいものパンケーキ

世界のいたるところで食されているじゃがいものパンケーキ。スナックとしても主食としても万能。

材料・4枚分

じゃがいも……………… 2〜3個
玉ねぎ ……………………1/2個
卵……………………………1個
塩…………………………小さじ1
小麦粉 …………………… 大さじ2
〈ソース〉
  サワークリーム ····大さじ2
  マヨネーズ …………大さじ1
  ディルまたは万能ねぎ
  …………………………少々

作り方

①皮をむいたじゃがいも、玉ねぎを千切りにして水にさらす。

②卵を溶き、塩と小麦粉を混ぜる。

③水気を切ったじゃがいもと玉ねぎを②に加え、ざっくりと混ぜ合わせる。

④フライパンに油（分量外）を熱し、両面をこんがり焼く。

⑤ソースの材料を混ぜ合わせ、④にかけていただく（そのまま食べても良い）。

Memo

じゃがいもをすりおろすなど手を加えたレシピで、名前を変えて各国で愛されている（『ノスタルジア食堂』42ページ参照）。

マリノヴァンニェ・シャンピニオニィ

マッシュルームのマリネ

マッシュルームの旨味がジュワッと溢れる前菜。

小鉢：ソヴィエト

材料・作りやすい量

小ぶりのマッシュルーム
……………… 30〜40個
酢 ……………… 大さじ2
玉ねぎ ……………… 1個
〈マリネ液〉
酢 ……………… 大さじ3
砂糖 ……………… 小さじ2
塩 ……………… 小さじ1/2
サラダ油 ……………… 75㎖
胡椒（粒）……………… 少々
ローリエ ……………… 1枚
鷹の爪 ……………… 1本

作り方

① 水1リットルを沸騰させ酢を入れ、マッシュルームを5分ゆでる。マリネ液の材料を混ぜ合わせておく。

② ゆで上がったらマッシュルームを水洗いする。

③ 清潔な密閉容器に、水気を切ったマッシュルーム、スライスした玉ねぎ、マリネ液を入れて冷蔵庫で半日冷やす。

サラート「ストリチヌィ」 クラッシックなご馳走サラダ 「首都サラダ」

マヨネーズを使ったサラダの先駆けともいわれるモスクワ発祥のご馳走サラダ。
オリヴィエサラダとも呼ばれる。

Салат «Столичный»

プレート：ソヴィエト（クラスノダール）

材料・4人分

鶏むね肉 ············ 1枚（200g）		ゆで卵 ············· 4個	
※サラダチキン、厚切りハムで代用可		ピクルス（小）········· 3本	
にんじん ············· 1本		マヨネーズ············ 適量	
じゃがいも ············ 6個		ホースラディッシュ······ 少々	
グリーンピース ········· 50g		塩················· 少々	
※水煮、冷凍のもので代用可			

作り方

① 鶏むね肉を塩ゆでし（塩は分量外）、冷ましておく。にんじんと
じゃがいもは皮をむいてゆでる。グリーンピースもゆでておく。

② 鶏むね肉、じゃがいも、にんじん、ゆで卵を1㎝角程度に刻む。

③ ②とみじん切りにしたピクルス、グリーンピースを混ぜ合わせ、
マヨネーズとホースラディッシュで和える。

④ 塩で味をととのえる。好みで万能ねぎやディルを散らしてい
ただく。

Салат «Красное море»

サラート「クラスナエ・モーレ」 カニカマとトマトのサラダ 「紅海」

「紅海」という素敵な名前がつけられた絶品サラダ。

材料・2〜3人分

トマト ……………………… 1個
カニ風味かまぼこ(市販)
……………………………… 5〜6本
シュレッドチーズ … 大さじ2
マヨネーズ …………… 大さじ2
にんにく ………………… 1片
塩 ……………………………… 適量
万能ねぎまたはディル … 適量

作り方

① トマトを食べやすいサイズにカットして水気を切っておく。
② カニ風味かまぼこを手で割くか、細かく刻む。
③ トマトとかに風味かまぼこ、シュレッドチーズをボウルに入れ、ざっくり混ぜてマヨネーズ、すりおろしたにんにくで和える。
④ 塩で味をととのえ、万能ねぎやディルをかけていただく。

プレート：ソヴィエト（コナコヴォ）
フォーク：ソヴィエト

— Memo —

カニ風味かまぼこは1980年代にロシアで作られるようになり、瞬く間に人気を博した。フライやサラダにするのが一般的で、スタローバヤのサラダでもよく見かける。

サラダカップ：チェコスロヴァキア
トレイ：東ドイツ
グラス：チェコスロヴァキア
フォーク：ソヴィエト

Foršmaks

136

フォルシュマクス 刻みニシンの前菜

ざっくり刻んだニシンとりんごの爽やかなペースト。ラトビア版なめろう的な珍味。

材料・2人分

ニシン（酢漬けまたは塩漬け）
…………………………… 4切れ
牛乳…………………………… 適量
りんご …………………… 1/4個
ゆで卵 ……………………… 1個
玉ねぎ …………………… 1/4個
サラダ油 ………………… 20㎖
塩………………………………… 少々

作り方

1. ニシンを牛乳につけて冷蔵庫で1時間冷やす。
2. ニシンを取り出して細かく刻む。
3. りんごとゆで卵を粗く刻み、みじん切りにした玉ねぎと共に②に混ぜる。
4. ③にサラダ油を加えて混ぜ、塩で味をととのえる。パンに添えても美味。

Memo

ユダヤ教徒の料理の一種。元々の意味がドイツ語の「前菜」で、スラブ人にはニシンのペーストや刻みニシンの和え物として食されている。ニシンを牛乳に浸すことによりニシンの脂が落ち、さっぱりと仕上がる。

Сало

サーロ　豚の脂身の塩漬け

ウォッカに合うおつまみの代表格。濃厚な脂の旨味の虜に。

材料・作りやすい分量

新鮮な豚の脂身 ·············· 1kg
※脂身の多い豚バラブロックで代用可
塩 ···························· 75g
黒胡椒 ······················ 適量
にんにく（スライス）
··············· 4片（浸け液用）
ローリエ ····················· 6枚
水 ························· 500mℓ

作り方

① 脂身（ブロック肉）を軽く水洗いし、水気をキッチンペーパーで拭き取る。

② 鍋に水を入れて沸かし、塩を溶かしておく。

③ 脂身を7～8cmくらいに適当に切り分け、耐熱容器に入れる。黒胡椒を振り、にんにくを挟む。

④ ②を沸騰させたまま、③の耐熱容器に注いで脂身が浸るようにし、ローリエをのせる。

⑤ 皿などで脂身が完全に液に浸るように重しをして耐熱容器を密閉し、冷蔵庫で3日ほど冷やす。

⑥ 塩水から脂身を取り出し、水気を拭き取ってラップで包み、冷凍庫で冷やし固めたのち、薄くスライスする。黒パンにのせ、にんにくと一緒にいただくと一層美味しい。

ВОДКА

旧ソヴィエト全域

ヤイツァ・パ・ルスキー ロシア風卵のオードブル

いわゆるデビルドエッグといわれる卵のオードブルの定番。見た目も可愛らしく各国で愛されている。

Яйца по-русски

プレート：ソヴィエト（コナコヴォ）
グラス：ソヴィエト
灰皿：ソヴィエト
タバコ：ソヴィエト（ノーヴォスチ／P90の2）

材料・8個分

ゆで卵	4個
マヨネーズ	大さじ2
塩	少々
万能ねぎまたはディル	少々

作り方

1. 固ゆでにした卵を半分に切り、中の黄身を取り出す。
2. 黄身にマヨネーズを加えて混ぜ合わせ、好みの滑らかさにする。塩で味をととのえる。
3. ②を①の白身のくぼみに入れ、万能ねぎやディルを散らす。好みで黒胡椒やパプリカパウダーをかけていただく。

メジヴォ・イズ・バクラジャノフ

なすの甘酢煮「メジヴォ」

まろやかな野菜の旨味がぎゅっと凝縮されたおすすめの夏の定番つまみ。冷やしても美味。

材料・3人分

なす	2〜3本
玉ねぎ	1個
トマト	2個
酢	大さじ1
塩	小さじ1弱
砂糖	10g
水	100㎖
にんにく	1片
唐辛子（または鷹の爪）	1本

作り方

① 輪切りにしたなすに塩少々（分量外）を振って10分おき、水で洗い、水気を拭き取る。

② フライパンに多めの油（分量外）を熱し、なすの両面を焼いて取り出す。

③ 玉ねぎを細切りにし、しんなりとするまで炒める。湯むきしたトマトを大きめに切って加え、5分間炒める。

④ ③になすを加え、酢、塩、砂糖、水、スライスしたにんにく、唐辛子を入れる。沸騰したら蓋をして弱火で15分煮てできあがり。

меживо из
баклажанов

プレート：ソヴィエト
クロス：東ドイツ

141

Тещин Язык

テシン・ヤズィク なすの前菜「義母の舌」

ユニークな名前の前菜は驚くべき美味しさ。きっと独り占めしたくなるはず。

材料・2人分（8個分）

長なす ………………………… 1本
クリームチーズ ………… 100g
ヨーグルト（無糖）…… 大さじ1
ディル ………………………… 少々
塩 …………………………… ひとつまみ
にんにく ……………………… 1片
トマト …………………… 1/2個

作り方

① 長なすを5mmほどの厚さに縦に8枚スライスし、フライパンに油（分量外）を熱して両面を焼く。

② クリームチーズ、ヨーグルト、刻んだディル、塩、すりおろしたにんにくを混ぜ合わせる。

③ トマトを8等分にくし形切りにする。

④ なすが冷めたら広い方の先端に②をのせて③を置き、巻くかもしくは二つ折りにする。

Memo

フィリングの組み合わせは水切りヨーグルト、マヨネーズなどお好みで。市販のクリームチーズをカットするだけでも大変美味しい。

カルトフェリ・パ・セリャンスキ 田舎風ポテト

脂身の多いサーロがサクッとして美味。

プレート：中国（景徳鎮）

Картофель по-селянски

材料・2〜3人分

じゃがいも（中）…………… 4個
サーロ（豚の脂身の塩漬け）適量
※138ページ参照
オリーブオイル
（またはサラダ油）………… 適量
好みの調味料…………… 適量
※塩、バジル、コリアンダー、胡椒、
ガーリックパウダーなど

作り方

① じゃがいもを皮ごとくし形切りにし、サーロを細かく切る。

② じゃがいもとオリーブオイル、調味料を混ぜ合わせ、味付けして耐熱容器に入れ、180度に予熱したオーブンで30分焼く。

③ ②にサーロを加えてさらに10分焼いてできあがり。

スハリキ・イズ・チェルノゴハレバ

黒パンのスナック「スハリキ」

余った黒パンで作る簡単スナック。

Сухарики из черного хлеба

材料・作りやすい量

古くなった黒パン …… 2〜3枚
にんにく ……………………… 1片
オリーブオイル……… 大さじ2
塩………………………… ふたつまみ
サワークリーム ………… 適量

作り方

① 黒パンをひと口大にカットし140〜150度に予熱したオーブンで15分ほど焼く。

② にんにくをすりおろし、オリーブオイルと混ぜる。

③ ①と②をビニール袋に入れ、塩を加えて振る。

④ サワークリームを添えていただく。

Memo

フライパンで焼いてもOK。黒パンとにんにくの相性は抜群。

プレート：ソヴィエト（リーガ陶器）

ブテルブロート オープンサンド

バターをたっぷり塗ったパンに、イクラ、ハム、サーモンなどをのせたオープンサンド。

Бутерброд

プレート：ソヴィエト

材料・1人分

白パン（スライス）………… 2枚
バター ………………………… 適量
イクラ（または好みの具材）・50g

作り方

① パンにバターをたっぷり塗り、イクラ
をのせてできあがり。

サラート・リジク にんじんとチーズのサラダ

にんじんサラダの美味しさに目ざめそうな驚愕の味わい。

プレート：ソヴィエト（コナコヴォ）
フォーク：ソヴィエト

Салат Рыжик

材料・2〜3人分

にんじん	2本
レモン汁	少々
シュレッドチーズ（サラダ用）	50g
塩	少々
にんにく（すりおろす）	1片
ギリシャヨーグルト	大さじ2
マヨネーズ	大さじ1

作り方

① にんじんを粗くすりおろし、レモン汁を振る。

② 残りのすべての材料をボウルに入れ、混ぜ合わせる。

③ 型に入れて盛りつけ、好みで胡椒を振り、ねぎをのせる。

tepertő

ハンガリー

テペルトゥ　脂身のフライ

サクサクとした食感。背徳のスナック。

材料・作りやすい量

豚の脂身 ……………………… 1 kg
塩 …………………………… 適量

作り方

① 脂身を軽く水洗いし、水気を拭き取る。

② 3cmくらいの大きさにカットして、フライパンで弱火で炒める。

③ 脂が出てきたら塩を振り、中火にして10〜15分ほど炒める。

④ パチパチと音がしてきて、中にベーコン状の生の部分がなくなったらできあがり。

　脂（ラード）は漉して容器に入れ、料理に使う。

―― *Memo* ――
良質の食肉豚の産地でもあるハンガリーでは豚は余すところなく使われる。脂肪は揚げ焼きにしたもの（テペルトゥ）とまた生成物の脂（ラード）でそれぞれ活用される。

ハンガリー

ジーロシュ・ケニェール ラードのパン

テペルトゥを作る際に得たラードを使って作るスナック。

zsíros kenyér

材料・2枚分

パン（スライス）…………… 2枚
※焼かないので食パンでも
ラード ……………………… 適量
塩……………………………… 少々
玉ねぎ ……………………… 適量
パプリカパウダー ………… 適量

作り方

① パンにラードを塗り、塩を振り、スライスした玉ねぎをのせる。パプリカパウダーをかけていただく。

> **Memo**
> フレプ・ゼ・スマルツェム（105ページ）はラードに少し具材を加えたもの。

レトロー・メレクセンドヴィッチ

クラッシックチーズトースト
（ポーランド：ザピエカンカ）

ラーンゴシュと共に人気のストリートフード。

材料・作りやすい量

パン（スライス）………… 2枚	コーン ……………………… 適量
バター …………………… 適量	ハム ……………………… 適量
玉ねぎ …………………… 適量	チーズ …………………… 適量

作り方

① パンに軽くバターを塗り、食べやすい
　サイズにカットした具材をのせる。

② チーズをのせてトースターで焼き上げる。

Retró melegszendvics

──── **Memo** ────

ポーランドのザピエカンカ（『ノスタルジ
ア第2食堂』86ページ）のトースト版。
バゲットを使ったものもあるが、いずれ
もポーランドのものほど大きくなくちょっ
とした軽食という感じ。具材、ケチャッ
プなどはお好みで。

メトロのバッチャーニ広場駅の通路にあるハンガリー国鉄が経営するビストロ。座席は数席と少ないが1980年代の近未来を描いたような内装が素晴らしい。昔の人々の想像した「食堂車」というものを感じトキメキが止まらなくなりそうだ。

ビール（300㎖）550フォリント。
ホットドッグとドリンクのお得なセット
1090フォリントより。

＊1000フォリント＝約400円（2024年）

ぶらりひとり酒

〔8〕

ハンガリー

ブダペシュト

Utasellátó falatozó

📍Batthyány tér,
1027 Budapest

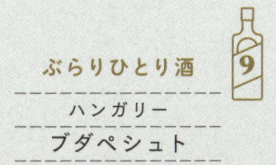

ぶらりひとり酒

ハンガリー

ブダペシュト

英雄広場隣接の広大な市民公園の一角にある古いパビリオンのような建物を利用したカフェバー。夕方から夜はたくさんの人で賑わうので木陰の心地よいお昼がおすすめ。カウンターで注文してから着席するので旅行者でも気軽に利用できる。軽食の種類も豊富。

白ワイン1600フォリント。
＊1000フォリント＝約400円
　（2024年）
ちょっとした休憩に利用しやすい。

Pántlika Bistro

📍 Hermina út, 11,
　1146 Budapest

Макало

マカロ

トマト風味のじゃがいものピュレ

簡単で美味しい、常備菜にも良しの優秀なサラダ。

材料・2〜3人分

玉ねぎ	1/2個
じゃがいも	4個
にんにく	1片
トマトソース（市販）	大さじ3
塩	小さじ1/2
カイエンペッパー またはチリソース	適量
黒胡椒	適量

作り方

1. 玉ねぎは乱切りにし、じゃがいもは皮をむいてひと口大に切り、同じ鍋でゆでる。
2. じゃがいもがやわらかくなったら、ゆで汁を少し残して、鍋に入れたままマッシャーで潰す。すりおろしたにんにくを混ぜる。
3. ②にトマトソース、塩、カイエンペッパーを入れて混ぜ合わせる。黒胡椒を振ってできあがり。

Memo

パンのディップとして食べられることも多い。
地方色に富み、使われる野菜もさまざま。辛さを足さなければお子様にもおすすめ。

pljeskavica

プレート：ハンガリー
クロス：ハンガリー

プリェースカヴィツァ ビッグハンバーグ

バルカン半島の各国で食されている、大きめのハンバーグ。

材料・2個分

玉ねぎ ……………………… 1/4個
にんにく ………………………… 1片
ひき肉 ………………………… 400g
※2種類の肉を使うことが望ましい
パプリカパウダー …… 小さじ1/2
塩 …………………………………… 少々

作り方

① 玉ねぎとにんにくをみじん切りにする。
② ボウルにひき肉を入れ、①とパプリカパウダー、塩を混ぜ込み、よくこねてひとかたまりにする。
③ 表面に油（分量外）を塗ってラップで覆い、冷蔵庫で2〜3時間休ませる。
④ 二つに分けて平たく成形し、フライパンで6〜7分焼く（油は引かない）。

ブルガリア

ストランジャンキ　ひき肉トースト「見知らぬ人」

ブルガリアのファストフード。これにチーズをのせて焼いたものはПринцеси（「お姫様」の意）と呼ぶ。

Странджанки

材料・2枚分

パン（スライス）……………2枚
玉ねぎ…………………………1/8個
あいびき肉……………………80g
塩、胡椒……………………各適量

作り方

① 玉ねぎをみじん切りにし、ひき肉と混ぜる。

② ①に塩、胡椒をしてパンの片面のフチまでしっかり塗る。

③ 200度に予熱したオーブンで20分焼く。

チクヴィチキ・ナ・フルナ ズッキーニの黄金パン粉焼き

シンプルで大変美味しい夏のおつまみ。

材料・2〜3人分

ズッキーニ………………… 2本
パン粉………………… 大さじ6
小麦粉………………… 大さじ2
サラダ油………………… 50㎖

〈ソース〉

ヨーグルト（無糖）‥ 大さじ3
塩………………… ひとつまみ
にんにく（すりおろす）‥少々
パセリまたはディル…‥ 適量

作り方

① ズッキーニをきれいに洗って水気を拭き取り、1cm弱の輪切りにする。

② ボウルにパン粉、小麦粉、サラダ油を混ぜ合わせ、ズッキーニを加えて豪快に手で混ぜる。

③ 220度に予熱したオーブンで30〜35分ほど焼く。ソースを添えていただく。

プレート：ドイツ（バヴァリア）
グラス：ソヴィエト

тиквички на фурна

Кьопоолу

プレート：西ドイツ（ヴィンターリング）
スプーン：ソヴィエト

キョポール　なすのペースト

野菜の旨味たっぷりのペースト。

材料・作りやすい分量

なす ····························· 2～3本
パプリカ（黄色）············· 1個
トマトペースト ········ 大さじ1
にんにく ·······················2片
鷹の爪 ··························· 1本
砂糖 ·······················小さじ1
塩 ··························· 小さじ1/2
フェヌグリーク ············· 少々

作り方

① なすとパプリカを丸ごとオーブンで焼き（180～200度）、焦げ目がついたら取り出して粗熱をとる。冷めたら皮をむき、粗みじん切りにする。

② フライパンに油（分量外）を熱し、①を中火で5分炒めてトマトペーストを入れ弱火にし、蓋をして10分煮込む。

③ みじん切りにしたにんにく、鷹の爪、砂糖、塩、フェヌグリークを入れてかき混ぜ、さらに蓋をして10分煮る。

④ 蓋を取り、水分を飛ばしてできあがり。

ブルガリア

スネジャンカ　ヨーグルトときゅうりの冷菜「白雪姫」

濃厚なヨーグルトはもはやチーズ。肉料理のつけあわせにも万能。

プレート：ソヴィエト（リーガ陶器）

材料・2〜3人分

くるみ	20g
きゅうり	1/2本
水切りヨーグルト	150g
塩	少々
にんにく（すりおろす）	少々
飾り用のきゅうり	適量

作り方

1. くるみを粗く砕くか、おろし金でおろす。
2. きゅうりは細かい角切り、または粗くおろして水分をしっかり絞る。
3. すべての材料をボウルに入れて、塩で味をととのえる。飾り用のきゅうりをスライスし、添えていただく。

Memo

同様の料理はトルコやバルカン諸国にもある。いずれもソースやつけあわせ、前菜として食されている。きゅうりが苦手な人にもおすすめ。

グビ・フ・マスロ きのこバター

マッシュルームの旨味たっぷり。お子様とも一緒に食べられるメゼ（おつまみ）。

材料・2人分

マッシュルーム …… 30〜40個
バター …………………… 50g
塩 ………………… 小さじ1/4
パプリカパウダー、胡椒‥各少々
にんにく（すりおろす）…… 1片
パセリまたはディル……… 適量

作り方

① マッシュルームをきれいに洗って水気を拭き取る。

② フライパンにバターを熱し、にんにくと①を入れて塩を振り、大きさが一回り小さくなるまで軽く炒める。

③ パプリカパウダーと胡椒を軽く振って刻んだパセリを入れ、ひと混ぜしてできあがり。

Гъби в масло

プレート：ソヴィエト
フォーク：ポーランド

водка

Wein

Wein

ウォッカ工場で逢いましょう

＊旧ポルモス工場跡・ウォッカ工場博物館

【ポーランド・クラクフ】

クラクフの中心地から東にトラムで10分ほどのドンビィエ地区ファブリチュナ（工場）にポルモス社のウォッカ工場は存在した。1931年に操業を開始したクラクフ蒸溜所は社会主義時代に国営企業「ポルモス」に入り、ポーランド各地の工場と共に企業体になった。民主化後はポルモスは解体し、それぞれの工場は外資や投資家の手に渡った。

ポルモス・クラクフ工場は2002年にフランス資本のポーランドの企業「ソビエスキ」の傘下となり、2010年、クラクフの工場としては操業を停止した。ポルモス・クラクフの銘柄であるウォッカ「クラコフスカ」は現在ポルモス・ワニカット工場で作られている。ポルモス・クラクフ工場は解体されたが、跡地は飲食店とホテルの複合施設になり、その地階にウォッカ工場博物館はオープンした。

ここではアルコールの歴史と精製技術の変遷に加え、社会主義時代の人々の飲酒に関して、また働き方について興味深い資料を見ることができる。社会主義時代の数々の銘柄展示は圧巻で、ついつい飲んでみたくなることだろう。もちろんウォッカのテイスティングつきガイドツアーも用意されている。じっくりとひとりで回るのもおすすめ。見学後は施設内にある数々の新しい「酒場」で、落ち着いて美味しいお酒を楽しむこともできる。20時まで開場している「夜の博物館」で、特別なひと時を。

ナチスドイツが侵攻してくる直前にストックを空にしたため、みすみすドイツの手にウォッカを渡すことはなかった。接収したドイツにより工場は拡大され、第二次大戦中工場は生産を止めずにすんだという。

戦後すぐは瓶と栓の確保に大変苦労した。戦後の復興と共にウォッカの輸出も増え、数ある世界のウォッカと競争するために、自然と輸出用のラベルもデザイン性に富むようになった。種類の豊富さとデザインも見応えがある。

カクテル「ヘミングウェイ・スペシャル」。
隣接のバー「ユートピア」ではウォッカの
他、特製カクテルも用意されている。親切
なバーテンダーにおすすめを聞こう。

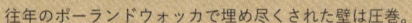

往年のポーランドウォッカで埋め尽くされた壁は圧巻。

Muzeum Fabryka Wódki
Fabryczna 13, 31-553 Kraków

［禁酒令］

ポーランド：1982-1990年

13時までアルコール販売を禁止。その結果13時前に人々が店の前に並ぶようになってしまった。

チェコスロヴァキア

選挙時に度数の高いアルコール飲料とワインの販売が中止された。これは1990年代前半まで続いた。

ハンガリー：1978-1989年

「朝酒禁止」として午前9時まで酒類提供を禁止。出勤前にアルコールを摂取する労働者を阻止するもの。
また、選挙当日の飲酒禁止。

ソヴィエト：1985-1987年

ミハイル・ゴルバチョフによる禁酒令。ビールはアルコール度数が低いため黙認された。犯罪が減少、平均寿命が延び、出生率も増加したが、密造酒が増加し、薬物中毒死も増えた。
葡萄畑が荒廃したためアルコール輸出による国家収入が激減し、ソヴィエト崩壊の原因のひとつとなった。

命の水よ、永遠に！

イスクラ（文・写真）

福岡大学人文学部ドイツ語学科卒。旅行会社勤務を経て、2005年にヨーロッパ旧社会主義国の雑貨を販売するウェブショップ「イスクラ」をオープン。2011年、東ドイツの居住空間を再現した「デーデーエルプラネット」、2016年東ドイツ民生品展示室「コメット」を運営。同店閉鎖後「イスクラ」の運営を継続しつつ、旧社会主義国の食文化を再現しレシピをまとめた『社会主義食堂』や、東欧諸国の雑貨デザインをまとめた『コメコンデザイン』のリトルプレスをシリーズで執筆している。著書に『ノスタルジア食堂』『ノスタルジア喫茶』『ノスタルジア第2食堂』（すべてグラフィック社）、『オストモダン1東ドイツ』『オストモダン2東ヨーロッパ』（ともに大福書林）など。

𝕏 @DDRplanet
https://iskra.ocnk.net

ノスタルジア酒場
東欧旧社会主義国のお酒とおつまみ事情&レシピ70

2024年11月25日　初版第1刷発行

著者　イスクラ

発行者　津田淳子
発行所　株式会社グラフィック社
〒102-0073
東京都千代田区九段北1-14-17
Tel.03-3263-4318　Fax.03-3263-5297
https://www.graphicsha.co.jp

印刷・製本　TOPPANクロレ株式会社

[staff]

ブックデザイン　今井晶子
校正　　　　　　株式会社ゼロメガ
チェコ語協力　　Aki a Honza
編集　　　　　　山本尚子（グラフィック社）

[参考文献]
O nápojoch od A do Z・Matuška P　1968年（チェコスロヴァキア）
Getränke - ABC　1985年（東ドイツ）

[参考サイト]
https://kuchnia.wp.pl/karnawal-w-prl-6054631044867201g
https://pl.wikipedia.org/wiki/Paprykarz_szczeciński
https://www.przez-zoladek-do-serca.pl/przekaski-do-wodki/
https://stosmakowaliny.pl/tag/kuchnia-prl-u/
https://www.bylena.ru/788-recipe-Закуска-из-баклажан-Тещин-Язык.html
https://vinisfera.pl/pozytywny-poprosze/
https://dzen.ru/a/ZABvQfFccWymHRF6
https://dzen.ru/a/YSPsHGDctVhVlnfC
https://paul-egorov.livejournal.com/70860.html
https://www.sovietwine.com/winery.html
https://www.nubo.ru/index.html
http://top10.sakura.ne.jp/arealist.html
https://tytonpapierosowy.pl/jakie-papierosy-palilismy-w-prlu/
https://spirits.com.pl/